essentials

Essentials liefern aktuelles Wissen in konzentrierter Form. Die Essenz dessen, worauf es als „State-of-the-Art" in der gegenwärtigen Fachdiskussion oder in der Praxis ankommt. Essentials informieren schnell, unkompliziert und verständlich

- als Einführung in ein aktuelles Thema aus Ihrem Fachgebiet
- als Einstieg in ein für Sie noch unbekanntes Themenfeld
- als Einblick, um zum Thema mitreden zu können.

Die Bücher in elektronischer und gedruckter Form bringen das Expertenwissen von Springer-Fachautoren kompakt zur Darstellung. Sie sind besonders für die Nutzung als eBook auf Tablet-PCs, eBook-Readern und Smartphones geeignet.

Essentials: Wissensbausteine aus Wirtschaft und Gesellschaft, Medizin, Psychologie und Gesundheitsberufen, Technik und Naturwissenschaften. Von renommierten Autoren der Verlagsmarken Springer Gabler, Springer VS, Springer Medizin, Springer Spektrum, Springer Vieweg und Springer Psychologie.

Jürgen Körner

Psychotherapeutische Kompetenzen

Ein Praxismodell zu Kompetenzprofilen in der Aus- und Weiterbildung

 Springer

Jürgen Körner
Berlin
Deutschland

ISSN 2197-6708 ISSN 2197-6716 (electronic)
essentials
ISBN 978-3-658-08568-1 ISBN 978-3-658-08569-8 (eBook)
DOI 10.1007/978-3-658-08569-8

Die Deutsche Nationalbibliothek verzeichnet diese Publikation in der Deutschen Nationalbibliografie; detaillierte bibliografische Daten sind im Internet über http://dnb.d-nb.de abrufbar.

Springer
© Springer Fachmedien Wiesbaden 2015

Gedruckt auf säurefreiem und chlorfrei gebleichtem Papier

Springer Fachmedien Wiesbaden ist Teil der Fachverlagsgruppe Springer Science+Business Media
(www.springer.com)

Vorwort

Die gegenwärtige Bundesregierung hat eine Novelle des Psychotherapeutengesetzes in ihre Koalitionsvereinbarungen aufgenommen. Tatsächlich ist eine Überarbeitung dieses Gesetzes von 1999 dringend geboten. Sie eröffnete die Chance, das inzwischen vorliegende Wissen über die Struktur und den Aufbau psychotherapeutischer Kompetenzen für die Aus- bzw. Weiterbildung zum Psychologischen Psychotherapeuten zu nutzen. Das hier vorgelegte Essential gliedert das Gebiet der psychotherapeutischen Kompetenzen und zeigt, auf welche Weise und in welcher Reihenfolge diese Kompetenzen vermittelt und geprüft werden können.

Inhaltsverzeichnis

Die Aktualität der Fragestellung

1

Eine geregelte Ausbildung zum Psychotherapeuten kennen wir in Deutschland seit 1923. Es waren zunächst die Psychoanalytiker, die in Berlin das bis heute praktizierte, dreigliedrige „Eitingon-Modell" mit einem theoretischen Studium, der Behandlung unter Supervision und der Selbsterfahrung konzipierten. Diese Ausbildung setzte kein bestimmtes (Hochschul)studium voraus, und so wurden neben Ärzten und Psychologen auch Pädagogen, Kindergärtnerinnen und Krankengymnasten aufgenommen. Melanie Klein, die eine sehr einflussreiche Psychoanalytikerin wurde, hatte keinen Hochschulabschluss (Ludwig-Körner 1998). Offenbar wurde die Ausbildung zum Psychoanalytiker nicht als Fortsetzung einer bestimmten akademischen Vorbildung gedacht.

Diese Offenheit für unterschiedliche Vorberufe wurde erst mit dem Psychotherapeutengesetz im Jahre 1999 aufgegeben. Bis dahin wurden auch Absolventen sozial- und erziehungswissenschaftlicher Studiengänge, auch Theologen, Juristen und Philosophen in die psychoanalytische Ausbildung aufgenommen. Der Ausschluss dieser „Nicht-Ärzte" und „Nicht-Psychologen" von der Ausbildung zum Erwachsenenpsychotherapeuten folgte durchaus nicht fachlichen, sondern allenfalls berufspolitischen Erwägungen, denn es liegen bis heute keine Erkenntnisse darüber vor, dass ein „nur" sozialwissenschaftlich vorgebildeter Psychotherapeut weniger qualifiziert wäre (Körner 2014).

Lange Zeit wurde der Beruf des Psychotherapeuten ausschließlich von Psychoanalytikern ausgeübt. Erst in den 60er Jahren des vergangenen Jahrhunderts kamen Verhaltenstherapeuten hinzu, und zwar zunächst nur für die Behandlung von Erwachsenen, später dann auch für Kinder und Jugendliche.

© Springer Fachmedien Wiesbaden 2015
J. Körner, *Psychotherapeutische Kompetenzen,* essentials,
DOI 10.1007/978-3-658-08569-8_1

1967 wurden die analytische Psychotherapie und die tiefenpsychologisch fundierte Psychotherapie in das System der kassenärztlichen Versorgung aufgenommen. Die damalige Richtlinie des Bundesausschusses der Ärzte und Krankenkassen begründete den Anspruch der Patienten gegenüber den gesetzlichen Krankenkassen. Eingeführt wurde das sog. Antragsverfahren; der behandelnde Psychotherapeut musste in einem Gutachten überzeugend darlegen, dass die geplante Behandlung ausreichend, zweckmäßig und wirtschaftlich sein wird. Alle Nicht-Ärzte mussten im „Delegationsverfahren" arbeiten, d. h., sie mussten ihren Antrag auf Kostenübernahme und ihre Honorarabrechnung über einen Arzt an die Kassenärztliche Vereinigung einreichen.

Erst im Jahre 1987 wurde auch die Verhaltenstherapie in die Richtlinienverfahren aufgenommen, neben der analytischen Psychotherapie und der tiefenpsychologisch begründeten Psychotherapie, die unter der Rubrik „psychoanalytisch begründeten Verfahren" zusammengefasst wurden.

Die Ausbildung fand an den anerkannten außeruniversitären Ausbildungsstätten der Fachgesellschaften statt. Die Verhaltenstherapeuten, die ihre Wissenschaft nicht, wie die Psychoanalyse, in der klinischen Praxis, sondern in der Anwendung einer psychologischen Theorie, der Lerntheorie entwickelt hatten, versuchten vergeblich, auch Universitätsinstitute als Ausbildungseinrichtungen anerkennen zu lassen. Die Kassenärztliche Bundesvereinigung aber drängte, so Schulte 2012, auf die Einrichtung außeruniversitärer Ausbildungsstrukturen nach dem Muster der analytischen Institute (vgl. auch Rief et al. 2012).

Fazit dieser Entwicklung bis 1999: „Psychotherapeut" war kein eigener Beruf, die Ausbildung zum Psychotherapeuten lag in den Händen privater Einrichtungen, von den Fachgesellschafen kontrolliert. Die Frage nach den Kompetenzen eines guten Psychotherapeuten stellte sich nicht, jedenfalls nicht in der Öffentlichkeit. Intern, in den Fachgesellschaften wurde darüber allerdings intensiv nachgedacht und heftig gestritten.

Diese Situation änderte sich mit dem Inkrafttreten des Psychotherapeutengesetzes vom 1. 1. 1999, jedenfalls im Hinblick auf die rechtliche Situation der Psychologischen Psychotherapeuten. Die Ausbildung zum PP und KJP wurde nun in einer Ausbildungs- und Prüfungsverordnung bundeseinheitlich geregelt. Diese Verordnung zählt auf, welche „Kenntnisse, Fähigkeiten und Fertigkeiten" der Ausbildungsteilnehmer bei der Prüfung zur Approbation nachweisen muss. Er soll unter anderem zeigen, dass er

- „in der Lage ist, ätiologische Zusammenhänge vor dem Hintergrund seiner Kenntnisse der Psychopathologie und seines Störungswissens zu erkennen
- die Technik der Anamenesenerhebung und der psychodiagnostischen Untersuchungsmethoden beherrscht

- in der Lage ist, die Therapeuten-Patienten-Beziehung in ihren zentralen Aspekten zu handhaben" (Ausbildungs- und Prüfungsverordnung für Psychologische Psychotherapeuten 1998)

So sehr sich die Ausbildungs- und Prüfungsverordnung auch bemüht, das Wissen und Können eines Psychotherapeuten zu beschreiben, so oberflächlich musste diese Aufzählung doch bleiben, weil dem Gesetzgeber die Grundlagen für eine differenziertere Bestimmung psychotherapeutischer Kompetenzen fehlten. Hinzu kam die Schwierigkeit, dass diese Verordnung für alle Richtlinienverfahren, die Gegenstand der vertieften Ausbildung sein können, gelten sollte. Verhaltenstherapie und psychoanalytisch begründete Verfahren unterscheiden sich aber in der Gewichtung der zu fordernden Kompetenzen, so dass die Frage nach *den* Kompetenzen *des* Psychotherapeuten entweder nur sehr allgemein oder aber unterschiedlich für die verschiedenen Richtlinienverfahren beantwortet werden kann.

Obwohl der Gesetzgeber viele Jahre an dem Psychotherapeutengesetz arbeitete – ein erster Versuch war 1978, ein zweiter 1993 gescheitert – wirkt das Gesetz heute wie „mit heißer Nadel gestrickt" (Winter 2012). Es hat im Wesentlichen nur die Psychotherapievereinbarungen der Jahre 1976 und 1987 fortgeschrieben und darauf verzichtet, die Ausbildung zum Psychotherapeuten, ihre fachlichen Ziele und ihren didaktischen Aufbau von Grund auf neu zu konzeptualisieren.

Dass dem PsychThG weitere, schwere Mängel anhaften, soll hier nur am Rande erwähnt werden. Dazu gehören die unhaltbare Situation der „Psychotherapeuten in Ausbildung", die in ihrem praktischen Jahr ohne Anspruch auf Vergütung arbeiten müssen und dabei sehr häufig wie ausgebildete Psychotherapeuten eingesetzt werden. Ferner ist die Frage der möglichen Zugangsberufe ungeklärt. Das PsychThG setzt für Psychologische Psychotherapeuten einen universitären Abschluss in Psychologie mit einem Schwerpunkt in Klinischer Psychologie voraus. Damit war damals zweifellos das Diplomstudium Psychologie gemeint. Heute existieren zahlreiche, durchaus unterschiedliche Masterstudiengänge Psychologie, in die sich auch Quereinsteiger ohne Bachelor-Examen Psychologie einschreiben können.

Noch ärger ist die Situation für die angehenden Kinder- und Jugendlichenpsychotherapeuten. Die Bundesländer praktizieren derzeit eine unterschiedliche Auffassung zur Frage, ob die Ausbildung zum KJP einen Bachelor- oder – wie im Falle der Erwachsenenpsychotherapeuten – doch einen Masterabschluss voraussetzt.

Das Bundesministerium für Gesundheit beabsichtigt eine Novellierung des PsychThG. Es ist noch nicht absehbar, wie weit diese Reform reichen wird – falls sie überhaupt kommt. Im günstigen Falle würden nicht nur die ärgsten Mängel des Gesetzes beseitigt, sondern auch die Gelegenheit genutzt, die Ausbildung zum Psychotherapeuten auf eine sorgfältige Analyse psychotherapeutischer Kompetenzen zu stützen. Sinnvoll wäre es, den Fragen „was ist ein guter Psychotherapeut" und „wie wird man ein guter Psychotherapeut" sehr gründlich nachzugehen, um die zukünftige Ausbildung zum Psychotherapeuten wirklich „von der Profession her" (Körner 2013), also ausgehend von dem, was ein professioneller Psychotherapeut heute und in Zukunft wissen und können muss, gestalten zu können.

Was ist eine Profession? 2

Was ist eine Profession und was ist professionelles Handeln? Mit „Professionalisierung" bezeichnen wir den Vorgang der Verberuflichung einer Tätigkeit, und zwar dann, wenn diese Tätigkeit als gesellschaftlich notwendig anerkannt wird und wenn die darin Tätigen über ein besonderes Wissen und besondere Fähigkeiten verfügen, die sie nur über einen länger dauernden Lernprozess erwerben können. „Klassische" Professionen sind die des Arztes, des Juristen auch des Pfarrers.

Da eine Gesellschaft auf die Leistungen der Professionen (heilen, Recht sprechen) angewiesen ist, räumt sie diesen Berufsgruppen besondere Privilegien ein, dazu gehört auch, dass sie sich in Grenzen eigenständig verwalten (Ärztekammern, Rechtsanwaltskammern), die Ethik ihres beruflichen Handelns selbst festlegen und überwachen und in der Ausbildung und Fortbildung ihrer Berufsangehörigen mitwirken.

Professionen wie die des Arztes und des Juristen genießen in einer Gesellschaft einen hohen Vertrauensvorschuss, ungefragt wird ihnen fachliche und auch moralische Autorität zugeschrieben. Zum Beispiel hätte ein Patient noch in der jüngeren Vergangenheit etwa die Diagnose oder Verordnung eines Arztes nicht in Zweifel gestellt. Auch stand in der öffentlichen Meinung außer Frage, dass ein Arzt aus intrinsischen, ethisch achtenswerten Gründen (Kranke heilen!) handelte, dass die Wahl seiner Behandlungsmethoden nur höheren Motiven folgte und nicht etwa dem niederen Motiv des Gelderwerbs. Diese Zuschreibungen fachlicher und moralischer Autorität scheinen in den letzten Jahrzehnten zu erodieren. Darin liegt einerseits ein allgemeiner Trend „postmoderner" Gesellschaften (Thom und Ochs

© Springer Fachmedien Wiesbaden 2015
J. Körner, *Psychotherapeutische Kompetenzen*, essentials,
DOI 10.1007/978-3-658-08569-8_2

2013), dem ja auch politische Autoritäten zum Opfer fallen können. Andererseits trägt die Profession der Ärzte selbst auch einen Teil der Verantwortung, wenn sie gut erkennbar ihre materiellen Interessen zunehmend stärker gewichtet, dabei selbst allerdings auch dem Sparzwang des Gesundheitssystems folgen muss.

Die Profession des Psychotherapeuten hat die Hürden einer Professionalisierung zweifellos genommen, im Vergleich zu Ärzten oder Juristen sogar in hohem Tempo. Gewiss haben die Psychologischen Psychotherapeuten davon profitiert, dass sie früher nur unter ärztlicher Aufsicht, nämlich im Delegationsverfahren arbeiten durften, so dass die Autorität der Ärzte auch auf sie abstrahlte. Heute, da sie sich mit ihrem eigenen Berufsrecht unabhängig von den Ärzten gemacht haben, müssen sie der Öffentlichkeit erst noch beweisen, dass ihr professionelles Handeln solide wissenschaftlich begründet ist und ethisch hochstehenden Prinzipien folgt. Das könnte sich als eine schwierige Aufgabe erweisen angesichts des soeben angedeuteten Trends postmoderner Gesellschaften, die fachliche Überlegenheit und ethische Autorität von Professionen generell in Zweifel zu ziehen (Gerst et al. 2014).

Wie alle Professionen steht auch die der Psychotherapeuten vor der Aufgabe, ihr systematisches, „universalisiertes" (Schaeffer 1990), also vom Einzelfall abgehobenes Wissen auf die besonderen, immer einmaligen Praxisprobleme ihrer Klienten anzuwenden. Diese Aufgabe ist sehr schwierig, weil der Einzelfall immer komplexer ist als es die Gesetzesaussagen der Wissenschaft darstellen könnten. Aus diesem Grund vertritt Buchholz (1999) denn auch die Auffassung, dass von „Anwendung" der Wissenschaft auf den Einzelfall eigentlich nicht gesprochen werden könnte. Profession und Wissenschaften „bilden Umwelten füreinander" (Buchholz 1999, S. 66), sie stehen nicht in einem hierarchischen Verhältnis über einander.

Die Profession des Psychotherapeuten 3

Psychotherapeuten bilden in Deutschland keine fachlich homogene Berufsgruppe. Wie anfangs erwähnt, wurden so unterschiedliche Verfahren wie die Verhaltenstherapie und die beiden psychoanalytisch begründeten Verfahren in das System der kassenärztlichen Versorgung aufgenommen. Diese drei sind derzeit die „Richtlinienverfahren", sie sind nicht nur wissenschaftlich, sondern auch sozialrechtlich anerkannt, so dass deren psychotherapeutische Leistungen von den gesetzlichen Krankenkassen getragen werden. Darüber hinaus gibt es weitere Verfahren, die zwar nicht sozialrechtlich, aber doch wissenschaftlich anerkannt sind: Die Gesprächspsychotherapie, die Systemische Psychotherapie, und es ist damit zu rechnen, dass weitere Verfahren oder einzelne Methoden die Hürden der wissenschaftlichen und auch sozialrechtlichen Anerkennung nehmen werden. Für die Fragestellung dieses Buches aber soll es genügen, die beiden psychoanalytisch begründeten Verfahren und die Verhaltenstherapie einander gegenüberzustellen, um zu illustrieren, wie unterschiedlich die Methoden sind – oder zunächst waren – seelische Erkrankungen psychotherapeutisch zu behandeln. Die Verfahren, auf die hier nicht gesondert eingegangen werden soll, wie die Gesprächspsychotherapie, die Gestalttherapie, die Systemische Psychotherapie und modernere wie die Schematherapie (Geoffrey E. Young), die dialektisch-behaviorale Therapie (DBT) nach Marsha Linehan und das Eye Movement Desensitization and Reprocessing (EMDR) nach Francine Shapiro liegen in gewissem Sinne zwischen der Verhaltenstherapie und der Psychoanalyse, sei es, dass sie sich bewusst abheben wollten von der Psychoanalyse, wie die Gestalttherapie oder die Gesprächspsychotherapie, die von Rogers ja noch als „non-direktive" Psychotherapie bezeichnet wurde, um sich von der Psychoanalyse abzugrenzen, sei es, dass sie wie die Schematherapie

© Springer Fachmedien Wiesbaden 2015
J. Körner, *Psychotherapeutische Kompetenzen*, essentials,
DOI 10.1007/978-3-658-08569-8_3

sowohl psychodynamische als auch verhaltenstherapeutische Elemente in ihr Konzept einbezogen haben.

3.1 Die Geschichte der psychotherapeutischer Profession

Am Anfang stand die Psychoanalyse. Freud begann als Neurologe, geprägt von seinen Lehrern Brücke und Meynert, er verstand sich als Arzt und Naturwissenschaftler, suchte nach den Ursachen für seelische Erkrankungen. Seine ersten Erklärungen deuteten auf kausale Beziehungen zwischen traumatischen Erfahrungen (als Ursachen) und psychischen und somatischen Symptomen (als Folgen) hin. Aber es blieb nicht bei dieser „Trauma-Theorie". Freud erkannte nämlich schon recht früh, dass seine Theorie einer kausalen Beziehung zwischen realer traumatischer Erfahrung und nachfolgender Erkrankung mit Symptombildung in etlichen Fällen nicht zutraf. Diese Entdeckung stürzte Freud in schwere Zweifel, seine Theorie war nicht aufgegangen und er fürchtete, das Projekt der Psycho-Analyse müsste scheitern.

Die Lösung, die er in dieser Lage fand, beschreibt er viele Jahre später ganz lapidar mit den Worten: Ich entschloss mich, statt der „praktischen" nunmehr die „psychische" Realität zum Gegenstand der Psychoanalyse zu machen (Freud 1914, S. 56). Tatsächlich aber hat er mit dieser Wendung die Psychoanalyse vom Kopf auf die Füße gestellt. Von nun an bewegte sie sich in der subjektiven, gedeuteten Welt der Patienten, und zu dieser Welt finden wir Zugang nur über Deutungen, Interpretationen. Heute wissen wir, dass die „objektiven Daten" einer Biografie nicht viel besagen, so lange wir nicht verstehen, wie unser Patient diese Lebensumstände interpretiert hat.

Mit dieser Wendung zu einer sinnverstehenden, vielleicht auch sinnstiftenden Psychotherapie änderte sich auch die Aufgabe des Psychotherapeuten und änderten sich die Kompetenzen, die wir von ihm fordern müssen. Statt die Wahrheit zu suchen, soll er nun offen sein für die Vieldeutigkeit, statt das Unbewusste des Patienten „aufzudecken" gilt es nun zu erfahren, wie er seine Welt interpretiert, und anstatt dem Patienten zu zeigen, wie er sich – biografisch determiniert – in seinem Psychotherapeuten irrt (Übertragung!), soll er verstehen, wie er die Beziehung zu ihm unbewusst aktiv gestaltet und ihn in die Bewältigung seiner inneren Konflikte einbezieht.

Wenn wir einem jungen Ausbildungskandidaten den Übertragungsbegriff erklären und das alte mechanistische Konzept („Irrtum" oder „falsche Verknüpfung") vermeiden wollen, werden wir fast unvermeidlich eine kleine Fallgeschichte erzählen, um zu illustrieren, was wir meinen. Das kann auch kaum anders sein, weil die Konzepte der psychoanalytischen Behandlungsmethode induktiv entwickelt wurden, nämlich „bottom up" in der Bewältigung konflikthafter Behandlungser-fahrungen. Um es bildhaft darzustellen: Die Begriffe der Übertragung, Gegenüber-tragung, Abstinenz und Widerstand sind verdichtete Fallgeschichten, die man wie-der in Fallgeschichten (zurück)verwandeln muss um zu verstehen, was mit ihnen gemeint sein könnte. Man muss die Begriffe erzählen lassen.

Wie schon erwähnt, entwickelte sich die Verhaltenstherapie erst in den 60er Jahren des vergangenen Jahrhunderts, und zwar einer eine der induktiven Ent-wicklung der Psychoanalyse entgegengesetzte Richtung. Ausgangspunkt war die schon längst bekannte, sichere Erkenntnis, dass menschliches Verhalten erlernt und auch wieder verlernt werden kann. Wenn man auch psychische Erkrankungen als erlernte Verhaltensstörung betrachtet, liegt es nahe, die empirisch gut fundierte Lerntheorie auch auf die Modifikation gestörten Verhaltens anzuwenden, und das gelang in vielen Fällen – z. B. schon früh in der systematischen Desensibilisierung – nachweislich sehr gut.

Anfangs nahmen Verhaltenstherapeuten und Psychoanalytiker dezidiert entge-gengesetzte Positionen ein. Die Verhaltenstherapeuten, die sich zunächst auf den Behaviorismus stützten, warfen den Psychoanalytikern vor, spekulativen Annah-men über innerseelische Vorgänge zu folgen, die allenfalls der höchst subjektiven Introspektion zugänglich seien. Das Gegenargument lautete: Die Verhaltensthera-peuten erklären die innerseelischen Vorgänge zu einer black box und beschränk-ten sich auf die Betrachtung empirisch nachweisbarer Zusammenhänge zwischen messbarem Input (Erfahrungen) und output (Verhalten).

Beide Verfahren haben sich seither stark verändert. Die Verhaltenstherapie hat mit ihrer „kognitiven Wende" ihre Aufmerksamkeit auf innere Prozesse der kog-nitiven Verarbeitung und der Motivation gerichtet und ihr methodisches Arsenal erheblich erweitert. Sie hat ihr Verfahren diversifiziert und damit begonnen, auch die Bedeutung der therapeutischen Beziehung für den Erfolg einer Psychotherapie zu würdigen. Vereinzelt taucht in den neueren Publikationen auch der Begriff der Übertragung auf, dann allerdings, etwas verschämt, gern in Anführungszeichen. Durchaus ähnlich der psychoanalytischen Konzeption verstehen die Verhaltens-therapeuten die Übertragung heute als „Ausdruck verallgemeinerter Annahmen und Erwartungen auf den Therapeuten als Person" (Beck et al. 1999, S. 57). Der Patient soll dann aber angehalten werden, diese Übertragungen zu korrigieren und in eine rationalere Sichtweise zu verwandeln – sei es, dass der Therapeut „dem Patienten auf empathische Weise zurückmeldet, wie es ihm mit dessen Verhalten geht" (Benecke 2014, S. 524), sei es, dass er die ihm zugewiesene Rolle gerade nicht übernimmt und den Patienten darauf aufmerksam macht, dass sich der The-rapeut offenbar anders als erwartet verhalten hat. Offenbar zielt diese methodische Variante darauf, dem Patienten eine korrigierende emotionale Erfahrung zu stiften und erinnert damit an ältere psychoanalytische Konzepte, die allerdings wegen der fragwürdigen Aufforderungen zu einer Art Rollenspiel des Psychotherapeuten auf Kritik gestoßen sind.

Es ist also kaum zu übersehen, dass sich die verhaltenstherapeutischen und psychoanalytischen Methoden aufeinander zubewegen (Fiedler 2014). Bei aller Konvergenz der beiden Verfahren bleibt aber ein Unterschied zwischen ihnen weiterhin gültig und wirksam, der für unsere Frage nach den Kompetenzen eines Psychotherapeuten (und wie man sie erwirbt) sehr folgenreich ist: Die unterschiedliche Herkunft aus der Praxeologie im Falle der Psychoanalyse einerseits und aus der Anwendung empirisch gesicherter Gesetzesaussagen im Falle der Verhaltenstherapie andererseits.

Was muss ein Verhaltenstherapeut lernen, dem sein Therapieverfahren ein differenziertes Wissen über die Wirksamkeit bestimmter Interventionen bei bestimmten Störungen bereitstellt? Er muss sich dieses umfangreiche theoretische Wissen aneignen, muss sorgfältige Diagnostik und Prognosemodelle beherrschen, anwenden und mit objektiven Methoden evaluieren können.

Was muss hingegen ein Psychodynamiker lernen, wenn ihm sein Therapieverfahren nur wenig Wissen darüber bereitstellt, welche Intervention bei welchem Krankheitsbild mit einer bezifferbaren Wahrscheinlichkeit wirksam ist, stattdessen aber Deutungsstrategien vermittelt, welche ihm ermöglichen, die Wirksamkeit unbewusster Phantasien auf das Krankheitsgeschehen und auf die Ausgestaltung der therapeutischen Situation zu erkennen und zu bearbeiten? Er muss lernen, seine Verstehenskonzepte auf den Einzelfall anzuwenden, mit dem konkreten Patienten über seine Annahmen zu kommunizieren, sie ggf. wieder zu verwerfen, seine Deutungsvorannahmen zu revidieren und sich schrittweise mit seinem Patienten über sie zu verständigen. Sichere und verallgemeinerungsfähige Erkenntnisse sind auf diesem subjekthaft ausgestalteten Feld kaum zu haben. Die Sicherheit, die der Verhaltenstherapeut aus seinen allgemeingültigen Gesetzmäßigkeiten bezieht, muss der Psychoanalytiker vor allem in seiner klinischen Erfahrung gewinnen. Auch wenn er über ein breites klinisches Wissen verfügt, muss er sich der Komplexität und Einmaligkeit eines jeden Einzelfalls aussetzen, um seinem Patienten gerecht zu werden.

3.2 Psychotherapie zwischen universalisierter Wissensanwendung und hermeneutischem Fallverstehen?

Stand die Verhaltenstherapie in der Gefahr, im Konflikt zwischen universalisierter Wissensanwendung einerseits und hermeneutischem Fallverstehen andererseits einseitig auf die Anwendung allgemein gültigen Wissens gesetzt zu haben, neigen Psychoanalytiker zur Vereinseitigung des hermeneutischen Fallverstehens. Ihre Stärke, die Besonderheit des Einzelfalles aus der subjektiven Perspektive des Klienten heraus zu verstehen und, wenn nötig, in einem „hermeneutischen Zirkel" auch die eigenen Deutungsvorannahmen zugunsten des Fallverständnisses zu korrigieren, wird dann zu einer Schwäche, wenn ihre Kasuistiken nicht mehr „argumentationszugänglich" (Körner 2003) sind, so dass man sie nur noch glauben kann oder nicht.

Für unsere Frage nach den Kompetenzen des Psychotherapeuten und wie man sie erwirbt, ist die Positionierung der Psychotherapie zwischen universalisierter Wissensanwendung einerseits und Sinnverstehen des Einzelfalls andererseits von großer Bedeutung. Wie weit lässt sich ein psychotherapeutisches Verfahren (wie die Verhaltenstherapie) in universitären Seminaren erlernen oder (wie v. a. die Psychoanalyse) in Fallseminaren vermitteln? Selbstverständlich schlagen die Verhaltenstherapeuten vor, das Studium der Psychotherapie künftig zumindest bis zur Approbation zum Psychotherapeuten ganz den Universitäten (genauer: den Psychologischen Instituten der Universitäten) zu überlassen (Schulte et al. 2012). Und ebenso selbstverständlich glauben die Psychoanalytiker, dass die psychotherapeutische Kompetenz gerade nicht oder nur zu geringen Anteilen an den Universitäten entwickelt und erworben werden kann.

Die Gefahren einer Vereinseitigung lassen sich leicht erkennen. Eine einseitige Wissenschaftsorientierung bringt zwar den Vorteil, von der Praxis „entlastet" (Buchholz) zu sein und der persönlichen Verstrickung in den Einzelfall entgehen zu können, birgt aber auch die Gefahr, in der „Anwendung" seiner Methode das Individuum zu verfehlen. Die Ausbildung zum Psychotherapeuten legt in diesem Falle ihren Schwerpunkt auf die Vermittlung wissenschaftlicher Erkenntnisse und befähigt den Psychotherapeuten, selbst auch in der wissenschaftlichen Forschung mitzuwirken. Eine lange und anstrengende Selbsterfahrung aber ist überflüssig.

Eine einseitige Einzelfallorientierung hingegen hält die Ausbildung zum Psychotherapeuten fern von den Zwängen akademischen Lehrens und Lernens (sehr volle Seminare, zeitraubende Mitwirkung in der Hochschulselbstverwaltung, Abhängigkeit von den Wissenschafts- und Finanzministerien der Länder), entfernt sie aber auch von der Kultur wissenschaftlich-rationalen Argumentierens an der Universität, insbesondere von der Auseinandersetzung mit benachbarten Wissenschaften. Es ist zweifelhaft, ob sich die Psychotherapie als Wissenschaft allein an den privat geführten Ausbildungsinstituten fortentwickeln kann. Denn die für diese Entwicklung notwendige Forschung kann von ihnen kaum geleistet werden.

Schaeffer (1990) hat diese Gefahren eindrucksvoll beschrieben. Auch sie diskutiert ähnlich wie Buchholz das Problem des für Professionen typischen Widerspruchs von universalisierter Wissensanwendung und hermeneutischem Verstehen des Einzelfalls. Die Vereinseitigung des hermeneutischen Fallverstehens kann, wie sie an drei Lebensläufen von Psychotherapeuten veranschaulicht, zu einer nur schwachen Entwicklung wissenschaftlicher Kompetenz und stattdessen zu einer charismatischen Haltung und Selbstidealisierung führen. Diese Therapeuten vermitteln in der Ausbildung ihres Nachwuchses weniger das akkumulierte Wissen, sondern bieten sich selbst als „kopierfähiger Vorbilder" (S. 211) an, die zeigen, wie es ist, ein guter Psychotherapeut zu sein. So werden Traditionen gebildet, die sich an Vorbildern ausrichten. Es entwickeln sich regionale „Schulen" mit Konfessionalisierungstendenzen, die von ihrem Nachwuchs verlangen, vor allem die „richtige Sprache" zu erlernen.

Bei all dieser Kritik soll aber auch daran erinnert werden, dass die gegenteilige Vereinseitigung, nämlich die ausschließliche Orientierung an generalisierten Gesetzesaussagen nicht weniger problematische Folgen nach sich ziehen kann: Ein Expertentum, das relativ unabhängig vom Einzelfall „technokratisch" verfügbar ist. Schaeffer (a. a. O., S. 61) spricht von der „Konditionierung der Lebenspraxis", die der „Kommerzialisierung" und dem „reinen Erwerbshandeln" den Weg ebnet (S. 213).

Die Kompetenzen des Psychotherapeuten

4

4.1 Erste Annäherung: Empirische Ergebnisse über den guten/erfolgreichen Psychotherapeuten

Psychotherapieforschung hat sich lange Zeit damit befasst zu zeigen, dass eine psychotherapeutische Behandlung überhaupt erfolgreicher ist als eine Placebowirkung oder eine Spontanheilung oder das hilfreiche Gespräch eines freundlichen Nachbarn. Das ist seit vielen Jahren nicht mehr strittig. Nachdem die Verhaltenstherapie neben der analytischen Psychotherapie als Leistung der kassenärztlichen Versorgung anerkannt war, ging es eine Weile um die Frage, welche der beiden Verfahren generell das wirksamere sei. Diese Frage war für Verhaltenstherapeuten leichter zu beantworten als für Psychoanalytiker, denn die Ziele einer Verhaltenstherapie sind sehr viel einfacher zu operationalisieren als die einer Psychoanalyse, für die ja die schwer messbare Strukturveränderung in der Persönlichkeit ihres Patienten mindestens ebenso wichtig ist wie die Symptomreduktion. Außerdem haben Psychoanalytiker lange Zeit darauf verzichtet, die Wirksamkeit ihrer Methoden nachweisen zu wollen; zu sehr waren sie davon überzeugt, dass die Psychoanalyse positive Veränderungen bewirkt. Schließlich hatten sie sich ja alle selbst einer sehr langen Eigenanalyse unterzogen und haben ihre nachhaltigen Wirkungen erlebt.

Heute liegen auch für die psychoanalytisch begründeten Verfahren zahlreiche empirische Wirksamkeitsbelege vor. Jüngere Metaanalysen (Leichsenring und Rabung 2011) zeigen die Wirksamkeit psychodynamischer Psychotherapien, die „zu andauernder Veränderung führt, sogar nachdem die Therapie beendet wurde" (Benecke a. a. O., S. 609). Und die „Münchener Depressionsstudie" (Huber et al. 2012)

© Springer Fachmedien Wiesbaden 2015
J. Körner, *Psychotherapeutische Kompetenzen,* essentials,
DOI 10.1007/978-3-658-08569-8_4

wies nach, dass analytische Psychotherapie im Vergleich mit tiefenpsychologisch fundierter Psychotherapie und Verhaltenstherapie in der Behandlung depressiver Patienten wirksamer war. Dieser positive Effekt hatte sich sogar verstärkt, als man die Patienten drei Jahre nach dem Ende der Behandlung noch einmal testete.

Die Ergebnisse dieser „outcome-Forschung" haben in den letzten Jahren an Bedeutung verloren. Offensichtlich war es zunächst wichtig gewesen, die Wirksamkeit der Psychotherapie gegenüber der Öffentlichkeit und dem Gesundheitssystem nachzuweisen, und dann musste wohl erst noch die Konkurrenz zwischen den rivalisierenden „Richtlinienverfahren" ausgetragen werden. Heute ist weniger interessant, was ein Patient in einem Vorher-Nachher-Vergleich an Veränderungen an Veränderungen zu erkennen gibt als vielmehr der Prozess der psychotherapeutischen Veränderung selbst. Wie viel trägt die gewählte psychotherapeutische Methode zur Veränderung bei, inwieweit ist diese der Persönlichkeit des Psychotherapeuten zuzuschreiben?

So nahe diese Fragestellung auch liegen mag, so schwer ist sie zu beantworten. Denn das sehr komplexe Zusammenspiel zwischen einem bestimmten Therapeuten, der sein Verfahren in der Arbeit mit einem bestimmten Patienten in einer spezifischen Weise anwendet, und zwar unter Rahmenbedingungen (wie z. B. der Finanzierung durch eine Krankenkasse), die ihrerseits Einfluss nehmen, ist kaum in seine Wirkfaktoren zu zerlegen. Daher ist die Frage, inwieweit der Erfolg (oder Misserfolg) einer Psychotherapie auf die Persönlichkeit des Psychotherapeuten oder auf die gewählte Methode zurückzuführen sei, nur in Grenzfällen zu beantworten; man kann den Einfluss des Psychotherapeuten nicht „herausrechnen" und isoliert betrachten.

Man hat es natürlich trotzdem versucht, aber mit mäßigem Erfolg. Najawits und Weiss (1994) stellten Ergebnisse zusammen, in denen die therapeutische Effektivität, ausgedrückt in Effektstärken, zwischen .13 und .74 schwankte, so dass immerhin zwischen sehr guten und sehr schlechten Psychotherapeuten unterschieden werden konnte. Dabei gingen diese Unterschiede nicht auf die therapeutische Schulrichtung, nicht auf technische Fertigkeiten und auch nicht auf berufliche Erfahrung oder die Dauer des Trainings zurück. Vielmehr unterschieden sich die guten von den schlechten Psychotherapeuten vor allem durch ihr Beziehungsverhalten (Körner 2013).

Wampold (2001) widmete sich mehrfach der Frage nach den Quellen des psychotherapeutischen Erfolges. Regelmäßig kam er zu dem Ergebnis, dass der persönliche Einfluss des Psychotherapeuten den der gewählten Behandlungsmethoden übersteigt. Diese Tendenzen sind zwar eindeutig, aber in ihrer Aussagekraft doch begrenzt. Denn diese Ergebnisse wurden nur über sehr große Stichproben erhoben

– anders wären sie gar nicht ermittelbar – und sie lassen kaum Voraussagen darüber zu, was in einem Einzelfall konkret geschehen wird. Es sind Trends, nicht mehr.

Interessant kann es sein, Therapeuten selbst zu fragen, was wohl einen guten Psychotherapeuten kennzeichnen könnte. Orlinsky et al. (1996) haben mehrere tausend Psychotherapeuten gefragt und gewannen folgendes Bild: Ein guter Therapeut ist akzeptierend und engagiert, tolerant, warmherzig und intuitiv (vgl. Hermer 2012a). Fragt man Patienten, fallen die Ergebnisse ähnlich aus: Sie wünschen sich eine von Vertrauen getragene Beziehung zum Psychotherapeuten, der Einfühlungsvermögen und Sympathie zeigt, er ist respektvoll, offen, kann gut zuhören und unterstützt den Patienten in seinen Problemlösungsversuchen (Hermer 2012b).

Man kann diese Befunde interessant finden, aber sie liegen doch in der Nähe der Trivialität. Auch die empirischen Nachweise, dass sich ein feindseliges, zurückweisendes und beschuldigendes Therapeutenverhalten negativ auswirkt (Hermer 2012b), können nicht überraschen. Etwas spezifischer fallen die Ergebnisse aus, wenn man das Zusammenspiel von Patient und Psychotherapeut betrachtet. Norcross und Wampold (2011) fassten die vorliegenden Befunde zu dem Ergebnis zusammen, dass eine gute therapeutische Allianz, also eine hohe Übereinstimmung über die Notwendigkeit der Psychotherapie und die Ziele der Behandlung entscheidend zum Gelingen einer Psychotherapie beiträgt. Inwieweit sich die Passung auch auf die Bindungsmuster von Psychotherapeut und Patient erstrecken sollten, ist noch umstritten. Schauenburg et al. (2010) haben keine eindeutig positive Wirkung (i. S. eines Haupteffektes) eines sicheren Bindungsmusters erkennen können. Sie glauben aber, dass sich Patienten mit massiven psychosozialen Problemen in der Arbeit mit sicher gebundenen Psychotherapeuten gut entwickeln.

In einer Übersichtsarbeit über Bindungstheorie und Forschung fassen Levy et al. (2012) auch die Forschungsergebnisse über die Auswirkungen des Bindungsstils bei Patienten und psychodynamischen Psychotherapeuten zusammen. Nicht überraschend ist es, dass sicher gebundene Psychotherapeuten die besten Behandlungsergebnisse erzielen. Bei diesen profitieren von nicht sicher gebundenen Patienten vor allem diejenigen, die ein verstricktes Bindungsmuster zeigen. Die Autoren vermuten darüber hinaus, dass eine Nichtübereinstimmung der Bindungsmuster von Patienten und Psychotherapeuten durchaus förderlich sein kann für den Prozess und das Ergebnis der Psychotherapie.

Levy et al. zeigen in ihrer Arbeit, dass kompetente Psychotherapeuten über die Ergebnisse der Bindungsforschung orientiert sein sollten. Wenn sie z. B. Patienten mit einem vermeidenden Bindungsstil behandeln, sollten sie sich durch deren Distanziertheit und geringes Engagement nicht entmutigen lassen. Zwar ist das Risiko eines Abbruchs bei diesen Patienten etwas höher als bei anderen, aber wenn sie in der Behandlung bleiben, profitieren sie mehr als Patienten mit anderen nicht sicheren Bindungsstilen. Im Gegensatz dazu erscheinen verstrickte Patienten anfangs anfänglich hilfsbedürftig und aufgeschlossen, sind aber weniger gut in der Lage, die therapeutischen Angebote zu nutzen.

Ein kurzer Rückblick auf dieses Kapitel: Obgleich die Psychotherapieforscher mit großem Aufwand und methodischem Raffinesse versuchte haben, die Merkmale eines guten bzw. erfolgreichen Psychotherapeuten zu identifizieren, helfen ihre Ergebnisse nur wenig für unsere Fragestellung, was einen kompetenten Psychotherapeuten auszeichnet und wie er seine Kompetenzen erwerben sollte. Die Mehrzahl der genannten Eigenschaften eines guten Psychotherapeuten sind Persönlichkeitsmerkmale (er ist akzeptierend und engagiert, tolerant, warmherzig und intuitiv), die sich nicht leicht in Lernziele einer psychotherapeutischen Ausbildung verwandeln lassen. Ganz abgesehen davon, dass sich diese Eigenschaften nicht sicher operationalisieren lassen, wäre die Frage zu beantworten, auf welche Weise sie gefördert werden könnten, wollte man sich nicht darauf verlassen, dass ein Ausbildungsteilnehmer (im Falle einer „Direktausbildung" z. B. ein 19jähriger Abiturient) sie schon „mitbrächte".

4.2 Zweite Annäherung: Was denken die Psychotherapeuten selbst?

Psychotherapieforscher hatten die Frage nach den Kompetenzen eines guten Psychotherapeuten dadurch zu beantworten versucht, dass sie (Persönlichkeits)Merkmale erfolgreicher und nicht erfolgreicher Psychotherapeuten erfassten und dass sie Psychotherapeuten selbst oder auch Patienten befragten. Die Ergebnisse waren in einigen Fällen statistisch signifikant, aber noch so grobkörnig und teilweise auch trivial, dass sie sich etwa für die Lernzielbestimmung einer zukünftigen, reformierten Ausbildung zum Psychotherapeuten noch nicht eigneten.

Einen ganz anderen Weg haben die Berufspraktiker mit ihren Fachgesellschaften und den Psychotherapeutenkammern eingeschlagen. Sie setzten an bei dem Berufsbild des Psychotherapeuten, also mit der Frage, was ein Psychotherapeut wirklich tut. So hat die Bundespsychotherapeutenkammer versucht, in Kooperation mit der AG des Länderrates (Delegierte der Landespsychotherapeutenkammern) und mit Vertretern der Fachverbände eine verfahrensübergreifende, umfassende Darstellung des Berufsbildes zu erarbeiten (BPtK 2014b).

Also: Wo und wie arbeitet ein Psychotherapeut wirklich? Die umfangreiche Liste, die hier nur in kleinen Ausschnitten wiedergegeben werden kann ist gegliedert in drei Abschnitte, die wie folgt charakterisiert werden können:

- Eine erste Gruppe von Beschreibungen zählt auf, was Psychotherapeuten wirklich tun. Beispiele: Sie diagnostizieren, beraten und behandeln, erkennen psychische Faktoren bei somatischen Erkrankungen, engagieren sich in der kurativen und palliativen Versorgung u. v. m.
- Eine zweite Gruppe beschreibt, in welchen institutionellen Kontexten Psychotherapeuten arbeiten, z. B. stellen sie ihre Kompetenz als Sachverständige zur Verfügung, engagieren sich in den Gremien der Selbstverwaltung, übernehmen die Leitung und das Management von Gesundheits- und Versorgungseinrichtungen u. a.
- Die dritten Gruppe fasst zusammen, wie Psychotherapeuten ihren Beruf selbst definieren: Sie sind Angehörige eines freien akademischen Heilberufs, Beraterinnen und Berater, Lehrende und Supervidierende, Sachverständige usw.

Die nächste Aufgabe war nun, von diesem Berufsbild, also den Tätigkeiten des Psychotherapeuten rückzuschließen auf die Kompetenzen, über die ein Psychotherapeut verfügen muss.

Aber: Wie gelangt man von der Aufzählung der Tätigkeiten „er berät, er behandelt, er diagnostiziert" etc. zu einer Bestimmung der hierzu notwendigen Fähigkeiten? In einem ersten Schritt müssen die sehr komplexen Tätigkeiten wie „Beraten" oder „Behandeln" zerlegt werden in ihre Komponenten, und es bietet sich an, die seit den fünfziger Jahren des 20. Jahrhunderts übliche Unterscheidung in Wissen, Fertigkeiten und Einstellungen (Fabry 2008, S. 88) anzuwenden. Dies Verfahren hatte sich in der lernzielorientierten Didaktik an Schulen und Hochschulen zunächst bewährt. Es ermöglichte die eine erste Formulierung von Ausbildungszielen, von Inhalten und Methoden der Ausbildung sowie die Festlegung von Prüfverfahren zur Messung des Ausbildungserfolges.

Man kann also die beruflichen Tätigkeiten des Psychotherapeuten in ihre Komponenten des Wissens, der Fertigkeiten und Einstellungen zerlegen. Die Komponente des Wissens ist leicht zu definieren. Das Institut für medizinische und pharmazeutische Prüfungsfragen, eine zentrale Einrichtung der Bundesländer, stellt den Landesprüfungsämtern die Gegenstandskataloge und Prüfungsfragen zur Prüfung nach dem Psychotherapeutengesetz zur Verfügung, die sich überwiegend auf Wissensfragen beschränken (IMPP 2010). Für unsere Fragestellung ist es aber sinnvoll, die Wissenskomponente weiter zu differenzieren in „deskriptives Wissen" (Faktenwissen), „Erklärungswissen" (z. B. „Die frühkindliche Vernachlässigung erklärt das unsicher vermeidende Bindungsmuster des Patienten") und Veränderungswissen (z. B. „Man muss einen Patienten ermutigen, sich seiner peinlichen Phantasien bewusst zu werden"). Unter den Begriff der „Einstellung" könnten wir die impliziten Theorien (Sandler 1983) und das Menschenbild des Psychotherapeuten subsummieren.

Der Begriff der „Fertigkeiten" erscheint zur Beschreibung des psychotherapeutischen Handelns etwas zu anspruchslos, denn er legt nur die Fähigkeit nahe, bestimmte Handlungsroutinen oder Techniken anzuwenden. Der Psychotherapeut steht aber vor der Aufgabe, die Situation, in der er persönlich involviert ist – im Gegensatz zu der Situation des empirischen Forschers im Experiment – zu interpretieren und eine situativ angemessene, persönliche Antwort zu finden. Insofern liegt es nahe, statt von „Fertigkeiten" besser von „Handlungskompetenz" zu sprechen. Tatsächlich ist auch der Begriff der „Fertigkeit" aus den didaktischen Diskussionen fast verschwunden, weil die Professionen, wie wir sie im Kap. 2. charakterisiert haben, niemals nur Fertigkeiten verlangen wie diejenige, standardisierte Handlungsroutinen anzuwenden.

Auch die BPtK hat gemeinsam mit dem Länderrat versucht (BPtK 2014a), ausgehend von dem Berufsbild die Kompetenzen des Psychotherapeuten in drei Komponenten zu zerlegen. Er unterteilte wie folgt:

1. Faktenwissen: Deskriptives Wissen, (Fakten, Tatsachen) nennen und beschreiben, dazu gehören u. a.
   - Kenntnisse über psychische Funktionen, Prozesse und Strukturen
   - Kenntnisse wissenschaftlicher Konzepte und Methoden zur Erforschung
2. Handlungs- und Begründungswissen, u. a.
   - Kenntnisse in der Anwendung diagnostischer Methoden
   - Fähigkeit zur Rezeption und kritischen Reflexion wissenschaftlich psychotherapeutischer Erklärungsansätze
3. Handlungskompetenz und professionelle Haltung, u. a.
   - Fähigkeit zur Beurteilung aktueller Forschungsbefunde
   - Fähigkeit und Fertigkeit zu diagnostischen Entscheidungen
   - Fähigkeit zur Anwendung psychotherapeutischer Kompetenz

Der Kompetenzkatalog der BPtK und des Länderrates sind verfahrensübergreifend zusammengestellt. Da im Länderrat und in der BPtK unterschiedliche psychotherapeutische Verfahren vertreten sind, musste wohl auch der Kompetenzkatalog so allgemein gefasst werden. Insbesondere die Komponente der Handlungskompetenz und der professionellen Haltung ist sehr eng gefasst. Eine Haltung im engeren Sinn bleibt weitgehend unbestimmt. Ich werde daher im Folgenden versuchen, diese sehr wesentliche Komponente psychotherapeutischer Kompetenz auszudifferenzieren, zur Handlungskompetenz auch die Performanz hinzuzufügen sowie motivationale Aspekte zu berücksichtigen.

Schließlich: Kompetenzkataloge der Berufspraktiker zielen auf denselben Gegenstand wie die zuvor referierten empirischen Erhebungen. Aber viel weniger als diese müssen sie sich auf Eigenschaften beschränken, die objektiv nachweisbar sind. Solche Freiheit ermöglicht den Praktikern eine Ausdifferenzierung der Kompetenzen, die vielleicht der Vielfalt und Komplexität psychotherapeutischen Handelns gerecht wird. Allerdings bringt sie die Gefahr mit sich, dass diese Kataloge weniger das angeben, was gute Psychotherapeuten wirklich können, sondern eher Wunschlisten darstellen, in denen sich die Idealvorstellungen der Autoren über ihren Beruf widerspiegeln.

4.3 Psychotherapie als wertrationales Handeln und das Menschenbild des Psychotherapeuten

Psychotherapie ist, ähnlich wie die Medizin, eine „praktische" Wissenschaft. Ihre Aufgabe ist es, Erkenntnisse der „theoretischen" Wissenschaften auf den Einzelfall anzuwenden. Praktische Wissenschaften helfen dem Einzelnen bei seiner Problembewältigung. Theoretische Wissenschaften, wie die Psychologie, erforschen hingegen empirisch, häufig experimentell und fallübergreifend theoretische Zusammenhänge. Praktische Wissenschaften greifen notwendigerweise auf theoretische Wissenschaften zurück: Die Medizin ist zum Beispiel auf die Ergebnisse der Physiologie angewiesen, und die Psychotherapie braucht die Erkenntnisse der Psychologie, z. B. der Kognitiven Psychologie, der Neuropsychologie und der Entwicklungspsychologie.

Die Handlungen eines theoretischen Wissenschaftlers sind für einen Probanden im Experiment ohne bedeutsame Folgen. Irrt sich der Experimentator in seinen Hypothesen, wird er sein Experiment umgestalten und mit neuen Versuchspersonen wiederholen. Die Handlungen eines praktischen Wissenschaftlers hingegen sind für sein Gegenüber, zum Beispiel einen Patienten sehr folgenreich. Für den Fall der Medizin leuchtet das unmittelbar ein. Aber auch der Psychotherapeut wirkt daran mit, wie der Patient seine Probleme bearbeitet. In den seltensten Fällen ist er lediglich bei der „Beseitigung" unangenehmer Symptome behilflich; viel häufiger begleitet er seinen Patienten bei der Bewältigung seiner Beziehungsprobleme, der Überwindung seiner Arbeitsstörungen oder in dem Versuch, sich selbst mit allen seinen Eigenschaften zu akzeptieren. In all diesen Fällen wirkt der Psychotherapeut ja nicht nur als ein Werkzeug, dessen sich der Patient bedient, sondern als ein Gegenüber, das niemals wirklich neutral ist. Selbst wenn sich der Psychotherapeut mit eigenen Werturteilen strikt zurückhält und vermeidet, dem Patienten Ratschläge zu geben oder gar aus seinem eigenen Leben zu erzählen, nimmt er doch Einfluss durch seine Haltung und sein implizit wirksames Menschenbild.

Der Soziologe Max Weber unterschied zwischen wertrationalem und zweckrationalem Handeln. Zweckrationales Handeln folgt der sorgfältigen Analyse einer Ziel-Mittel-Relation. Wir handeln zweckrational um etwas Bestimmtes zu erreichen, und wir entscheiden uns für eine bestimmte Handlung (z. B. eine Intervention in der Psychotherapie), weil wir aus empirischer Erfahrung wissen, mit welcher Intervention wir welche Ziele wahrscheinlich erreichen werden. Wertrationales Handeln hingegen dient primär der Verwirklichung von ethischen oder ästhetischen Überzeugungen, weitgehend unabhängig von der Wirkung, welche das Handeln nach sich zieht. Wertrationalem Handeln liegt ein selbstreflexiver Prozess zugrunde, denn der Handelnde entscheidet sich aus intrinsischen Motiven. An denen misst er dann auch den Erfolg seines Handelns, während sich der zweckrational Handelnde daran orientiert, inwieweit er die beabsichtigten Ziele erreicht hat.

Die Idealtypen des zweckrationalen und des wertrationalen Handelns lassen sich in reiner Form vermutlich nirgendwo finden, auch nicht in der Profession des Psychotherapeuten. Aber wir können zweifellos Unterscheidungen treffen: Verhaltenstherapeuten werden ihre Methoden eher als zweckrational begründet verstehen und den Einfluss von Werthaltungen eher der hintergründigen (um nicht zu sagen: unbewussten) Wirksamkeit persönlicher Einstellungen des Psychotherapeuten zuschreiben. Auch Psychoanalytiker neigen dazu, den Einfluss ethischer Überzeugungen auf ihr therapeutisches Handeln nicht zu explizieren. Stattdessen nehmen sie gern in Anspruch, „absichtslos" zu sein in dem Sinne, dass sie in der analytischen Psychotherapie selbst keine Ziele anstreben, sondern dem Patienten nur behilflich sein wollen, seine eigenen Motive kennenzulernen, zu durchdenken und ggf. zu verwirklichen. Selbstverständlich, so meinen sie, verfolgt der Psychoanalytiker allgemeine Ziele, z. B. eine psychische Krankheit zu überwinden oder mit sich zufriedener zu werden, aber seine Interventionen sind nicht geeignet, diese Ziele direkt zu erreichen. Er will mit ihnen seinem Patienten „zu denken geben", dieser muss selbst entscheiden, wie er sie verstehen und verwenden will.

Wenn wir wertrationales Handeln bei Psychotherapeuten suchen, werden wir in ihren Selbstdarstellungen wenig Explizites finden. Im Extremfall werden sie vielleicht behaupten, überhaupt keine ethischen Maximen verwirklichen zu wollen, also gewissermaßen „wertfrei" zu handeln. Dieser Standpunkt ließe sich freilich schon dadurch abweisen, dass er kaum denkbar ist: Selbstverständlich gibt es kein „wertfreies" Handeln, sehr wohl aber kann man Wertvorstellungen verwirklichen, ohne sich dessen bewusst zu sein.

Vor Jahren schon trug Johannes Cremerius (1979) seine Auffassungen über die „paternale" und die „maternale" Technik in der Psychoanalyse vor. Die paternale, an der Freudschen Ich-Psychologie orientiert, zielt auf die aufrichtige Selbsterkenntnis des Patienten, ermutigt ihn, sich auch mit seinen von ihm selbst gefürchteten

Phantasien, Gefühlen und Absichten auseinanderzusetzen. Ziel der Behandlung ist das selbst-bewusste, handlungsfähige Subjekt, das in hohem Maße unabhängig ist von seinen internalisierten Beziehungspersonen. Die maternale Technik hingegen erblickt im Patienten eher das in seiner Kindheit oder Jugend beschädigte, an einer gesunden Entwicklung gehinderte Subjekt, das unterstützt werden muss, um endlich die Schritte der Reifung und des Wachstums nachholen zu können.

Es liegt auf der Hand, dass sich ein paternaler Psychotherapeut von einem maternalen vordergründig durch seine Behandlungstechnik und hintergründig durch sein Menschenbild unterscheidet. Vordergründig sehen wir in der paternalen Technik den eher konfrontierenden Psychotherapeuten, der seinem Patienten schmerzhafte Einsichten zumutet, deren Bewältigung ihn stark machen soll. Die maternale Technik zeigt den Psychotherapeuten als mitfühlenden Beziehungspartner, der seinen Patienten empathisch begleitet, ihm Widerstandsdeutungen oder gar Konfrontationen, die den Patienten vielleicht „retraumatisieren" könnten, erspart. Während der paternale Psychoanalytiker seinen Patienten konfrontiert mit der Frage: „Was hast Du getan/im Schilde geführt?", lautet die Frage des maternalen Psychoanalytikers eher: „Was hat man dir, du armes Kind, getan?" (Masson 1984).

In den zwei unterschiedlichen, paternalen und maternalen Techniken zeigen sich gegensätzliche Menschenbilder: Einerseits die Vorstellung von einem prinzipiell handlungsfähigen, selbstverantwortlichen, aber gerade deswegen unvermeidlich in Schuld geratenden Menschen, der dadurch frei werden könnte, dass er seine Fehlbarkeit akzeptierte. Andererseits sehen wir den Menschen, der in seinem Streben nach Selbstverwirklichung an den widrigen Lebensumständen, insbesondere aber an übelwollenden Mitmenschen scheitert.

Heinz Kohut (1977) hat diese beiden Menschenbilder den „schuldigen" und den „tragischen" Menschen genannt. Der „schuldige" Mensch hat die schweren inneren Konflikte zu bewältigen, in die er unvermeidlich gerät, weil seine Triebwünsche immer über das hinausgehen, was die Gesellschaft – und sein internalisiertes Über-Ich – tolerieren können. Der „tragische" Mensch leidet weniger an seinen inneren Konflikten, sondern eher daran, dass er daran gehindert wird, seinen Lebensentwurf zu verwirklichen. Es ist eben, so Kohut, nicht zu leugnen, „dass Niederlagen des Menschen häufiger sind als seine Erfolge" (1979, S. 120).

Jeder Psychotherapeut wird – unbewusst oder nicht bewusst – ein Menschenbild zur Geltung bringen, das irgendwo auf dem Kontinuum zwischen dem „schuldigen" und dem „tragischen" Menschen eingeordnet werden könnte und das seine Behandlungsmethode prägt.

Ein Beispiel: Ein Student begann eine tiefenpsychologisch fundierte Psychotherapie, weil es ihm nicht gelang, sein Studium zu beenden. Er ließ erhebliche Arbeitsstörungen erkennen, die es ihm unmöglich machten, eine vorgegebene

Aufgabe, zum Beispiel eine Hausarbeit fristgerecht abzuliefern. Er begründete seine Arbeitsverweigerung mit der Behauptung, die ihm angebotenen Themen seien „zu banal" und „überhaupt nicht praxisrelevant", er könne unmöglich „solchen Schwachsinn" bearbeiten. Es zeigte sich recht bald, dass dieser Patient ein völlig überhöhtes Ich-Ideal vor sich hertrug, das ihn zu überragenden intellektuellen Leistungen verpflichtete. Weil er aber niemals so rasch Literatur aufnehmen und so elegant formulieren konnte, wie er es von sich erwartete, vermied er diese Beschämungen und rationalisierte seine Arbeitsstörung mit der Behauptung vom „Schwachsinn", den man ihm nicht zumuten dürfe.

Der Analytiker konfrontierte den Patienten mit der Einsicht, dass es seine eigenen Größenvorstellungen waren, die ihm das Arbeiten unmöglich machten. Der Patient reagierte zunächst unwillig, setzte dann aber den Analytiker unter Druck mit der Erwartung, dass dieser ihm eine rasch wirksame Lösung des Problems anbieten müsse. Da konfrontierte ihn der Analytiker zum zweiten Male: Der Patient müsse einsehen, dass er an seinem überhöhten Ideal festhalten wolle, weil es ihn weit über all die Durchschnittsmenschen um ihn herum (zu denen wohl auch der Analytiker gehöre) erhebe. Weil der Analytiker auch den Narzissmus des Patienten stützte („In Ihrer Selbstkritik sind Sie der Größte") gelang es ihm, den Patienten für diese schmerzhaften Einsichten zu gewinnen, und die Therapie nahm einen befriedigenden Verlauf.

Der Analytiker hätte auch, einem eher tragischen Menschenbild folgend, dem Patienten verständnisvoll erklären können, dass er immer noch von den überhöhten Erwartungen seiner Eltern geprägt sei, die ihn bis heute daran hinderten, erfolgreich zu sein. Und er hätte, statt ihn mit der Einsicht zu konfrontieren, dass er selbst an diesem Ideal festhält, ermutigen können, doch Arbeitsversuche zu unternehmen.

Ob ein Psychotherapeut also eher konfrontiert oder sich eher einfühlsam zeigt, liegt weniger in seiner „Theorie der Technik" begründet, sondern eher in seinem Menschenbild, das er mehr oder weniger bewusst veranschlagt. Psychotherapeuten sollten sich ihres bevorzugten Menschenbildes bewusst sein, denn mit ihm verwirklichen sie den „wertrationalen" Aspekt ihres professionellen Handelns. Und weil sie mit ihrem Handeln so einflussreich sind, unterliegen sie der ethischen Verpflichtung, sich ihres Einflusses klar zu werden und ihr Handeln begründen und verantworten zu können.

Für unser Thema, die Frage nach den psychotherapeutischen Kompetenzen und wie man sie erwirbt, bedeutet das, dass zu den Kompetenzen des Wissens und der Handlungskompetenz auch diejenige eines reflexiven Bewusstseins des eigenen Menschenbildes zu zählen sein wird. Was folgt daraus für die Ausbildung, also für die Vermittlung professioneller Haltungen: Dass sich die Ausbildung nicht auf das Lernern von Wissen und den Erwerb „technischer" Fähigkeiten, also die

Anwendung methodischer Regeln in der therapeutischen Situation beschränken darf. Wie aber eine Haltung, also ein reflexiv zur Geltung kommendes Menschenbild zu vermitteln ist, bleibt an dieser Stelle noch eine offene Frage.

Auch die Frage, inwieweit diese Beschreibungen von Menschenbildern und psychotherapeutischen Haltungen nicht nur für die psychodynamischen Verfahren, sondern auch die Verhaltenstherapie zutrifft, muss hier unbeantwortet bleiben. Die hier verwendeten Illustrationen und Beispiele entstammen der Praxis psychodynamischer Psychotherapien. Die Verhaltenstherapie hatte in der Frühzeit ihrer Entwicklung dem Einfluss der Beziehung auf den therapeutischen Prozess noch wenig Aufmerksamkeit geschenkt. In dem Maße, in dem die Verhaltenstherapeuten diese Zurückhaltung korrigieren, gerät auch ihnen zwangsläufig die Frage nach dem Menschenbild und nach der Haltung des Psychotherapeuten ins Blickfeld.

Eigener Vorschlag: Eine Matrix psychotherapeutischer Kompetenzen

5

Im Folgenden stelle ich eine eigene Matrix der psychotherapeutischen Kompetenzen vor, die die Kompetenzliste der BPtK und des Länderrates sowie die sehr gründlich ausgearbeiteten Vorschläge von Kahl-Popp (2007) sowie von Will (2910) aufnimmt und fortführt. Ausgangspunkt ist die dreigliedrige Einteilung in Wissen, Handlungskompetenz und Haltung, die nun aber aufgrund der weiter oben angestellten Überlegungen zum Menschenbild des Psychotherapeuten ausdifferenziert werden sollte.

Ich schlage vor, die drei Kompetenzgebiete wie folgt zu definieren:

1. **Wissen**

   Den Wissensbestand eines Psychotherapeuten könnte man unterteilen in deskriptives Wissen, Erklärungswissen, Veränderungswissen und Konzeptwissen (Körner 2003). **Deskriptives Wissen** bezieht sich auf Fakten, zum Beispiel auf die Ergebnisse wissenschaftlicher Untersuchungen zur Epidemiologie von Erkrankungen oder auf die Diagnosekriterien psychischer Störungen nach dem DSM IV. **Erklärungswissen** (oder Begründungswissen) umfasst klinische Theorien, zum Beispiel eine Theorie über die Entstehung von Angststörungen, über die allgemeine Funktion von Abwehrmechanismen und über die Symptombildung. **Veränderungswissen** ist die Voraussetzung für absichtsvolles psychotherapeutisches Handeln. Jeder Interventionsstrategie, ja sogar jeder einzelnen Intervention liegt eine „transformative Theorie" (Will 2010, S. 51) zugrunde, die je nach Verfahren unterschiedlich präzise ausgearbeitet sein kann. Verhaltenstherapeuten legen Wert auf die Behauptung, dass sich eine Intervention unzweideutig aus der Theorie der Veränderung ableiten lassen sollte. Psy-

© Springer Fachmedien Wiesbaden 2015
J. Körner, *Psychotherapeutische Kompetenzen,* essentials,
DOI 10.1007/978-3-658-08569-8_5

choanalytiker halten diesen Anspruch für verfehlt, denn der Einzelfall ist sehr viel komplexer als die zur Verfügung stehenden Gesetzesaussagen. Aber auch Psychoanalytiker verwenden explizit oder implizit ein Veränderungswissen, allerdings ist es nicht geeignet, mit einer bestimmten Intervention ein definiertes Ziel erreichen zu wollen. Der Begriff des **Konzeptwissens** schließlich ist vermutlich am ehesten unter Psychoanalytikern bekannt. Gemeint ist ein Wissen, das über die Definition von Begriffen wie Übertragung, Abstinenz oder Widerstand weit hinausgeht und die historische Entwicklung dieser Konzepte, ihre Verknüpfung untereinander und ihren jeweils persönlichen Gebrauch in der psychoanalytischen Therapie einschließt (Dreher 2005).

2. **Handlungskompetenz**

In unserer Handlungskompetenz machen wir Gebrauch von unserem Konzept- und Veränderungswissen. Im Gegensatz zu den „Fertigkeiten", mit denen wir standardisierte Handlungsroutinen anwenden (zum Beispiel einen Kassenantrag schreiben), bezeichnet Handlungskompetenz die Fähigkeit, das Veränderungswissen situativ, auf diesen besonderen Patienten einzusetzen.

Von den 10 Kompetenzen, die Will (a. a. O.) in seiner inhaltsanalytischen Studie herausdestillierte, sind einige der Handlungskompetenz zuzurechnen: „Die Fähigkeit, einen analytischen Prozess einzuleiten, zu gestalten und zu beenden, die Fähigkeit, eine, als hilfreich erlebte Beziehung entstehen zu lassen und die Fähigkeit, theoretische Konzepte heranzuziehen" (S. 27). Kahl-Popp spricht u. a. von der „Befähigung des Psychotherapeuten, mit einem Behandlungskonzept ein für den Patienten heilsames Arbeitsbündnis zu verwirklichen" (a. a. O., S. 88). Diese Aufgabe lässt sich allerdings nicht dadurch bewältigen, dass wir ein bestimmtes Veränderungswissen „anwenden", sondern wir müssen es mit unserem Patienten gleichsam aushandeln. Es genügt also nicht zu wissen, was ein heilsames Arbeitsbündnis sein könnte, auch nicht, wie wir im Allgemeinen ein solches einrichten. Sondern wir müssen unserem konkreten Patienten erlauben, an der Herstellung unseres Arbeitsbündnisses mitzuwirken.

Wenn wir einem Psychotherapeuten Handlungskompetenz zuschreiben, meinen wir nicht allein seine Fähigkeit sondern auch seine Bereitschaft, sein Veränderungswissen einzusetzen. Dieser motivationale Aspekt fehlt in Kompetenzdarstellungen häufig, dabei entscheidet er doch darüber, ob eine bereitliegende Kompetenz denn auch erfolgreich eingesetzt werden kann. Vielleicht sollten wir dem Kompetenzbegriff den der **Performanz** zur Seite stellen, welcher erfassen soll, inwieweit ein Psychotherapeut seine Handlungskompetenz auch tatsächlich verwirklicht. Diese Unterscheidung zwischen Handlungskompetenz und Performanz wird dann wichtig, wenn wir prüfen wollen, inwieweit ein Ausbildungsteilnehmer das Lernziel einer Handlungskompetenz wirklich erreicht hat. Werden wir uns damit begnügen, ihn fiktionale Situationen kommentieren zu lassen („Was würden Sie tun, wenn ein Patient …?") Oder sollte er sich nicht doch in realen Situationen zeigen, zum Beispiel mit einem Tonbandmitschnitt aus einem Interview oder einer Therapiestunde?

Wenn wir der Handlungskompetenz die Performanz einschließlich motivationaler Aspekte (zum Beispiel als Fähigkeit und Bereitschaft, sich verwenden zu lassen) zurechnen, bewegen wir uns allerdings schon auf dem Gebiet der Haltungen.

3. Haltung

Es ist schwierig, die professionelle Haltung eines Psychotherapeuten „an sich", also ohne ihre Konkretisierung in einer therapeutischen Situation zu definieren. Kahl-Popp spricht von „personaler" und „relationaler Kompetenz" und meint (u. a.) die „Befähigung des Psychotherapeuten, mit seiner Persönlichkeit günstige Voraussetzungen für ein psychotherapeutisches Arbeitsbündnis zu schaffen und zu dessen Aufrechterhaltung beizutragen" (a. a. O.). Der BPtK-Entwurf nennt (u. a.) die Orientierung am subjektiven Erleben des Patienten, die Empathiefähigkeit, die Fähigkeit zur Rollenübernahme und zu angemessener Regulation von Nähe und Distanz".

Mir scheinen Zweifel angebracht, ob sich eine psychotherapeutische Haltung überhaupt als eine Sammlung von Fähigkeiten erfassen lässt. Zweifellos ist zwar die Fähigkeit zur Rollenübernahme eine **Voraussetzung** für eine reflektierte psychotherapeutische Haltung, aber eine Haltung zeigt sich erst darin, inwieweit ein Psychotherapeut sich für die Innenwelt seines Patienten interessiert, wie weit er bereit ist, sich von ihm verwenden zu lassen, wie viel Toleranz er aufbringt, auch unangenehme Projektionen „auf sich sitzen zu lassen", und wie es ihm gelingt, seine eigenen Bedürfnisse, den Patienten für sich zu verwenden, zu kontrollieren und zu begrenzen.

Die Haltung eines Psychotherapeuten gründet ganz wesentlich in seinen impliziten Theorien (Sandler 1983), insbesondere in seinem Menschenbild. Spätestens an dieser Stelle zeigt sich, dass es sehr schwierig ist, eine „gute" von einer „schlechten" therapeutischen Haltung zu unterscheiden oder festzustellen, ob ein Ausbildungskandidat seine Haltung „hinreichend" entwickelt hat. Diese Ungewissheit hatte oft ungute Folgen: Insbesondere Analytiker neigten in der Vergangenheit dazu, Begriffe wie „Haltung" oder „psychoanalytische Identität" zu verwenden, um die analytische Arbeit zu mystifizieren und zu idealisieren (Will a. a. O., S. 19).

Schließlich: Wie schon erwähnt, gehen die beiden Kompetenzen der Haltung und der Handlungskompetenz, wenn sie die Performanz einschließt, ineinander über. Wenn wir die Handlungskompetenz eines Ausbildungsteilnehmers in konkreten Situationen erfassen wollen, werden wir gleichzeitig der Haltung des Psychotherapeuten gewahr werden, und wenn wir uns der Haltung eines Psychotherapeuten vergewissern wollen, geht das nur in der Betrachtung konkreter Situationen, z. B. in Supervisionen. Obgleich also Handlungskompetenz und Haltung im Auge des Betrachters und des Prüfers nicht unabhängig voneinander erscheinen, ist es doch sinnvoll, diese beiden Kompetenzen begrifflich zu trennen. In kasuistischen Debatten zum Beispiel ist es wichtig zu wissen, worüber wir nachdenken wollen: Diskutieren wir über eine konfrontative Intervention („Sie lieben ihre hohen Ansprüche und denken gar nicht daran, sie aufzugeben") unter der Frage der Handlungskompetenz und dem zugrundeliegenden Veränderungswissen, oder im Hinblick auf die therapeutische Haltung, die der Vortragende zu erkennen gibt? Zahlreiche Verwirrungen in Fallseminaren gründen in der Verwechselung beider Perspektiven zum Beispiel derart, dass wir die Handlungskompetenz eines Ausbildungsteilnehmers kritisieren, aber eigentlich seine Haltung meinen.

Die folgende Matrix gliedert die Kompetenzen in die drei grob bezeichneten Gebiete **Wissen, Handlungskompetenz und Haltung** und unternimmt außerdem den Versuch, den Aufwuchs dieser Kompetenzen im Verlauf einer Aus- bzw. Weiterbildung in drei Stufen, nämlich grundlegend, fortgeschritten und professionell darzustellen. Ziel ist es, mit dieser Matrix eine Didaktik des Lehrens und Lernens von Psychotherapie zu ermöglichen.

Die Matrix hat demnach eine Struktur mit neun auszufüllenden Feldern (vgl. Tab. 5.1).

In einem nächsten Schritt müssen wir versuchen, die Entwicklung dieser Kompetenzen im Verlauf einer Ausbildung darzustellen. Auch in diesem Falle sollten wir uns hüten, stärker zu differenzieren, als dies in der Praxis verifizierbar sein kann. Der in Tab. 5.2 dargestellte Vorschlag stützt sich auch auf den Entwurf von Benecke (2013) sowie auf die Vorschläge von Will (a. a. O.) und Kahl-Popp (a. a. O.).

Tab. 5.1 Gliederung psychotherapeutischer Kompetenzen

Kompetenzgebiet	Grundlegend	Fortgeschritten	Professionell
Wissen			
Handlungskompetenz			
Haltung			

Tab. 5.2 Matrix psychotherapeutischer Kompetenzen mit Beispielen

	Grundlegend	Fortgeschritten	Professionell
Wissen	Psychotherapeuten haben fundierte Kenntnisse über zentrale Themenbereiche der kognitiven Psychologie (Wahrnehmung, Aufmerksamkeit, Lernen und Gedächtnis, Denken und Problemlösen, Urteilen und Entscheiden, Wissenserwerb, Sprache; Motivation, Emotion, Handlungssteuerung)	Sie kennen einschlägige Modelle und Theorien der Persönlichkeitspsychologie sowie deren Forschungsmethoden; z. B. Persönlichkeitsstrukturmodelle, Struktur- und Prozessmodelle der Intelligenz, Selbstkonzepte, Selbstregulation und Persönlichkeit. Sie kennen die wesentlichen Konzepte der wissenschaftlich anerkannten Psychotherapieverfahren und der jeweiligen Theorie der Veränderung	Sie kennen verschiedene Settings (Einzel-, Paar-, Familien- und Gruppentherapie, stationäre und ambulante Behandlung) sowie die die Spezifika von Kinder- und Jugendlichentherapien. Sie sind vertraut mit den rechtlichen Rahmenbedingungen von Psychotherapie, sowie mit Fragen der Psychotherapie-Ethik. Sie haben gelernt, wie man „universalisiertes Wissen" für das Verständnis eines Einzelfalls anwendet
Handlungskompetenuz	Sie haben die Fähigkeit zu altersgerechter Kommunikation (z. B. Verstehen von und Ausdruck durch szenische Sprache und Handlungssprache) und triadischer Kommunikation. Sie haben Methoden der Gesprächsführung gelernt und können Verfahren der klassifikatorischen Diagnostik gemäß ICD und DSM anwenden	Sie können die verschiedenen verfahrensspezifischen diagnostischen Methoden (z. B. Verhaltensanalyse; OPD) anwenden und diagnostische Daten in Befundberichten und Gutachten integrieren. Sie haben gelernt, Erstgespräche zu führen, eine vertrauensvolle Beziehung zum Patienten einzurichten, mit ihm seine Problemlage zu klären und die Ziele einer Psychotherapie zu entwickeln	Sie können mit Patienten in eine hilfreiche therapeutische Beziehung treten und die professionelle Patient-Therapeut-Beziehung reflektieren und gestalten. Sie verfügen über die Kompetenz zur Anwendung einer breiten Palette therapeutischer Methoden, differenziert nach Altersstufen und für die ‚Arbeit mit Familien und Gruppen. Sie beherrschen Methoden der Prävention und Rehabilitation und der zielgruppenorientierten Arbeit
Haltung	Psychotherapeuten sind in der Lage, sich selbst zu explorieren und zu reflektieren. Sie sind sich ihrer Wirkung auf andere bewusst und kennen ihr Verhalten in Gruppen. Sie haben gelernt, ihre emotionale Antwort auf das Verhalten anderer zu erkennen und zuzuordnen. Sie haben begonnen, ihr Menschenbild zu erforschen	Sie haben sich mit ihren persönlichen Schemata, motivationalen Ausrichtungen und konflikthaften Anteilen soweit auseinandergesetzt, dass diese die therapeutische Beziehung nicht negativ beeinflussen. Sie interessieren sich für die Innenwelt ihrer Patienten und sind bereit, sich von ihnen verwenden zu lassen	Sie sind bereit und fähig, in der therapeutischen Beziehung Unwissen, Angst und Spannungen zu ertragen. Sie kontrollieren ihre eigenen therapeutischen Ziele und ermöglichen dem Patienten, eigene Wege einzuschlagen. Sie kennen ihr eigenes Menschenbild und erlauben sich, davon abzuweichen. Sie sind fähig, eine therapeutische Beziehung zu beenden

Diese Matrix verzichtet aus Gründen der Übersichtlichkeit auf eine Differenzierung der Kompetenzgebiete, wie sie weiter oben vorgenommen wurde. Ihre Felder enthalten lediglich einige, allerdings gewichtige Beispiele zur Illustration, um die vertikale Gliederung nach Kompetenzgebiete und die horizontale nach den Stufen der Kompetenzentwicklung zu illustrieren. Die schon erwähnte Kompetenzliste der Bundespsychotherapeutenkammer und des Länderrates (BPtK 2014a) ist sehr viel ausführlicher. Allerdings verzichtet sie darauf, die Entwicklung der Kompetenzen über die Zeit einer Aus- bzw. Weiterbildung hinweg darzustellen. Das erschwert die sich anschließende, sehr wichtige Frage, wie denn die Kompetenzen eines Psychotherapeuten erworben werden und wie man sich vergewissern kann, ob ein Psychotherapeut über die wünschenswerten Kompetenzen verfügt oder nicht.

Ferner erlaubt meine 9-Felder-Matrix, die Entwicklungsschritte der Kompetenzen einem grundlegendem Studium und der sich anschließenden Aus- bzw. Weiterbildung zuzuordnen. Der Bundespsychotherapeutentag hat am 15. 11. 2014 mit Zweidrittelmehrheit beschlossen (BPtK 2014c), den Gesetzgeber zu einer Reform des Psychotherapeutengesetzes aufzufordern, die u. a. ein Direktstudium mit anschließender Weiterbildung an den staatlich anerkannten Ausbildungsstätten vorsehen sollte. Diese Reform der psychotherapeutischen Ausbildung würde dazu führen, dass Teile dieser Ausbildung in ein dafür geeignetes Studium zurückverlegt werden; damit stellt sich die Frage, welche Kompetenzstufen die Hochschulausbildung erreichen soll und worin die Aufgaben einer sich anschließenden Weiterbildung liegen werden. Wenn die universitäre Ausbildung nach fünf (oder besser sechs) Jahren mit der Approbation enden soll, könnte man die Stufen der Kompetenzentwicklung etwa wie folgt zuordnen: Bezüglich dies Wissens sollte der Approbierte alle drei Kompetenzstufen beherrschen. Im Hinblick auf die Handlungskompetenz sollte die mittlere Stufe der fortgeschrittenen Kompetenz erreicht worden sein. Die Entwicklung der Haltung, die ja sehr viel praktische Erfahrung voraussetzt, kann nach fünf (oder sechs) Universitätsjahren allenfalls die erste, also grundlegende Stufe erreichen.

In der Matrix sind die neun Felder etwa gleich groß. Tatsächlich aber sollten die Kompetenzgebiete unterschiedlich gewichtet werden: Das Gebiet des Wissens wird gegenüber dem der Haltung zu Anfang der Weiterbildung einen größeren Raum einnehmen. Dieses Ungleichgewicht kehrt sich im Verlauf der Aus- bzw. Weiterbildung dann um: Gegen Ende nimmt der Wissenszuwachs ab und die Entwicklung der Haltung wie auch die der Handlungskompetenz nimmt einen größeren Raum ein.

Und weiter: Für jedes wissenschaftlich anerkannte Verfahren könnte eine Kompetenzmatrix hergestellt werden, die man dann übereinander legen könnte. Aus der zweidimensionalen Matrix würde dann ein Quader, der alle psychotherapeutischen Kompetenzen aller wissenschaftlich anerkannten Verfahren hintereinander abbildete. Dann könnte man Sichtachsen durch diesen Quader legen, z. B. durch die übereinander liegenden Felder „Wissen, grundlegend" und vermutlich erkennen, dass sich die Inhalte der Verfahren auf diesem Feld einander sehr ähneln. Das wäre ein für die Planung von psychotherapeutischen Studiengängen wertvoller Befund: Wenn ein solcher Studiengang – wie zu erwarten sein wird – Lehrveranstaltungen zu unterschiedlichen therapeutischen Verfahren anbietet, lassen sich die Seminare teilweise zusammenlegen. Das wäre nicht nur ökonomisch sinnvoll, sondern führte auch zu einer fachlichen Annäherung der Verfahren und zu einem persönlichen Austausch der Studierenden etwa der psychodynamischen und der verhaltenstherapeutischen Verfahren, die sich nach dem jetzigen Modell der Weiterbildung kaum je kennenlernen.

Schließlich: Ich hoffe, dass die hier dargestellte Matrix einleuchtet, aber genau genommen ist sie empirisch nicht fundiert. Sie gründet in **Vorstellungen** der Psychotherapeuten über ihre professionellen Tätigkeiten und die darin zur Wirkung kommenden Kompetenzen. Wir können aber nicht sicher sein, ob das, was die Therapeuten über die Voraussetzungen erfolgreicher Arbeit **denken**, sich wirklich mit den hier beschriebenen Kompetenzen deckt. Zweifellos bedarf es noch erheblicher Forschungsbemühungen, um die Diskrepanz zwischen dem, was Psychotherapeuten über ihr Handeln denken und dem, was sie wirklich tun, zu überwinden. Geeignet wären sprachliche Analysen von Transkripten zahlreicher Therapiestunden, um erschließen, welchen impliziten Theorien die Therapeuten folgen. Es mag durchaus sein, dass sich diese von den explizit für einschlägig gehaltenen erheblich unterscheiden.

Noch schwieriger dürfte die Frage zu beantworten sein, wie wir uns im Verlauf von Aus- oder Weiterbildungen überzeugen können, ob ein Kandidat über die zu fordernden Kompetenzen verfügt oder nicht. Bezüglich der Kompetenz „Wissen" sind wir einer Antwort zwar schon recht nahe, sie wird vom Institut für medizinische und pharmazeutische Prüfungsfragen (IMPP 2010) mit ihren Fragenkatalogen jährlich neu gegeben. Hinsichtlich der anderen Kompetenzen, der Handlungskompetenz und insbesondere der Haltung aber müssen wir diese Frage offen lassen. Streng genommen sollten wir dann aufhören, diese Kompetenzen zu fordern. Denn wir bringen unsere Ausbildungsteilnehmer in eine sehr schwierige Situation, wenn wir ihnen Ziele vorgeben wie „Fähigkeit zur Empathie und Rollenübernahme" (s. o.) aber offen lassen, wie wir uns – am besten gemeinsam mit ihnen – vergewissern können, ob und inwieweit sie diese Ziele erreicht haben. Radikal formuliert: Man sollte keine Ziele stellen, über deren Erreichen man sich nicht vergewissern kann.

Wir werden auch in dieser Arbeit keine zufriedenstellende Antwort auf die Frage finden, wie wir die zu fordernden Kompetenzen überprüfen können. Aber der nun folgende, letzte Abschnitt, der die Wege der Vermittlung bzw. Aneignung psychotherapeutischer Kompetenzen behandelt, soll doch ein wenig Licht in das Dunkel dieser Fragestellung werfen.

Die Entwicklung psychotherapeutischer Kompetenzen und die Aufgabe der Lehrer

6

Wie erwirbt man psychotherapeutische Kompetenzen, wie eignet sich der Lernende das notwendige Wissen an, wie gewinnt er Handlungskompetenz und wie entwickelt er eine professionelle Haltung? Auf allen drei Kompetenzgebieten lernt der Studierende gleichzeitig. Zum Beispiel entwickelt er seine Haltung auch in Diskussionen über die Konzepte der Psychoanalyse oder schon dadurch, dass er eindrucksvolle Fallgeschichten liest und sich in die geschilderten Beziehungsprozesse hineinversetzt. Aus didaktischen Gründen ist es aber sinnvoll, die Entwicklung des Wissens, der Handlungskompetenzen und der Haltung getrennt voneinander zu betrachten.

Deskriptives Wissen, Erklärungs- und Veränderungswissen erwerben die Studierenden vorrangig in Vorlesungen oder in selbst organisierten Arbeitsgruppen und im Literaturstudium. Vieles muss also memoriert werden, daran ändern auch moderne didaktische Methoden wie das Problemorientierte (oder Problembasierte) Lernen nicht viel. Diese aber vermögen „totes" in „lebendiges" Wissen zu verwandeln, wenn z. B. die Studierenden versuchen können, die Entwicklung einer Angsterkrankung zu erklären und sich dabei aufgefordert sehen, unterschiedliche Erklärungsmodelle probehalber anzuwenden. „Lebendig" wird das Erklärungswissen dann dadurch, dass es zum Beispiel in einem Erstinterviewseminar wie ein Werkzeug angewendet wird und zu überzeugenden Erklärungen eines konkreten Einzelfalles führt – oder nicht.

Auch **Veränderungswissen** lässt sich in der Anwendung auf anschauliche Weise erwerben. Zum Beispiel könnten die Lernenden versuchen, anhand einer Transkription oder einer Video-Aufzeichnung einer Therapiestunde versuchen, signifikante Veränderungen im „Klima" der therapeutischen Beziehung oder ab-

© Springer Fachmedien Wiesbaden 2015
J. Körner, *Psychotherapeutische Kompetenzen,* essentials,
DOI 10.1007/978-3-658-08569-8_6

rupte Themenwechsel aus dem Ablauf des vorhergehenden Dialoges oder einzelner Interventionen des Therapeuten zu erklären. Auch in diesen Fällen muss ein fundiertes Wissen verfügbar sein; andernfalls greifen die Lernenden zu sehr auf alltagspraktische Erklärungen oder rein spontane Einfälle zurück.

Diese Formen des Problemorientierten Lernens – vielleicht könnte man besser von „Problemlösendem Lernen" sprechen – lassen sich gleichermaßen in verhaltenstherapeutischen und psychodynamischen Studiengängen verwirklichen. Viel reizvoller wäre es vermutlich, wenn die Studierenden beider Studiengänge gemeinsam lernten – weniger, um darüber zu konkurrieren, wem die „besseren" Erklärungen zur Verfügung stehen, sondern eher mit dem Ziel, die jeweils zugrundeliegenden Vorannahmen und Menschenbilder kennenzulernen. In jedem Falle ist es sinnvoll, das Problemlösende Lernen in kleinen Gruppen zu unternehmen, die von einem Tutor begleitet werden sollten.

Im **Konzeptlernen** werden die zukünftigen Verhaltenstherapeuten und die psychodynamischen Psychotherapeuten etwas unterschiedliche Wege gehen. Denn die Konzepte der Psychodynamiker sind weniger gut operationalisierbar, ihr Gegenstand erscheint unbestimmt und definitorisch nicht leicht zu fassen. Wenn man zum Beispiel versucht, einem interessierten Laien das Abstinenzkonzept zu erklären, wird man mit einer der gängigen Begriffsbestimmungen („ohne Wunsch sein" oder „den Patienten nicht zur Befriedigung eigener Bedürfnisse verwenden") sicher scheitern und ganz gewiss versuchen, dieses Konzept anhand einer kleinen Fallgeschichte zu erläutern.

Daraus folgt, dass wir Konzeptwissen vor allem über kasuistische Darstellungen vermitteln. Die Studierenden lernen, wie ihre Dozenten, die eigene Fälle vortragen, die Konzepte verstehen und für die Arbeit nutzen. Sie lernen anhand überlieferter Fallgeschichten, wie sich diese Konzepte im Laufe der Jahrzehnte änderten und die Vertreter unterschiedlicher „Schulen" sie heute anwenden. Sehr hilfreich wäre es außerdem, wenn eine Sammlung von Videos zur Verfügung stünde, die den Studierenden signifikante Störungsbilder und bedeutsame therapeutische Szenen veranschaulichen können. Das müssen nicht unbedingt Mitschnitte aus Psychotherapien sein; die Erfahrung zeigt, dass auch gespielte Szenen sehr eindrucksvoll und lehrreich sein können.

Noch weniger als das Konzeptwissen erwirbt der Studierende der Psychotherapie seine **Handlungskompetenz** „top down", also über die Aneignung von Buchwissen. Denn die Handlungskompetenz zeigt sich ja weniger in der Anwendung eines abstrakten Regelwissens, sondern darin, wie es dem Psychotherapeuten möglich wird, eine vertrauensvolle, förderliche Beziehung einzurichten, wie es ihm gelingt, den Patienten für seine unbewusste Beziehungsgestaltung zu interessieren und ihn zu ermutigen, hier und jetzt einen neuen Beziehungsentwurf zu wagen.

Dies gilt insbesondere für den Prozess der analytischen Psychotherapie, aber auch die Verhaltenstherapie hat sich jüngst so weit fortentwickelt, dass sich auch dort die Handlungskompetenz nicht mehr nur in der Anwendung von Regelwissen zeigt, sondern auch dadurch, dass der Therapeut den Beziehungsentwurf seines Patienten interpretiert – sogar im Hinblick auf unbewusste Motive (Fiedler 2014).

Handlungskompetenz gewinnt der Studierende also in der Anwendung, sei es, dass er erfahrenen Therapeuten zuschaut und sie anschließend befragt, sei es, dass er selber therapeutische Situationen – wie zum Beispiel Erstinterviews – gestaltet und darüber mit Kollegen und Supervisoren spricht.

Ich habe selbst oft im Beisein junger Kollegen Erstinterviews geführt oder therapeutische Gruppen geleitet und musste in den Nachgesprächen schwierige Fragen beantworten wie „Was hat Sie bewogen, in dieser Weise zu fragen/zu intervenieren?" Man sollte diese Fragen begrüßen, auch wenn man oft genug keine rechte Antwort weiß. Denn die Frage nach Handlungsgründen ist durchaus angebracht; mit ihr lernt der Studierende, welchen expliziten und auch impliziten Handlungsregeln ein erfahrener Psychotherapeut folgt und wie er diese in dem konkreten Fall anwendete.

Es ist daher wenig sinnvoll, Vorlesungen über die „Theorie der Technik" eines psychotherapeutischen Verfahrens zu halten, bevor nicht der Lernende selbst Gelegenheit hatte, die bisher erlernten Konzepte in realen therapeutischen Situationen nachvollziehen und mit anderen überdenken zu können. Dabei muss man – wie schon beim Konzeptlernen – der Gefahr begegnen, dass der Lernende das Fehlen explizierter Handlungsbegründungen so interpretiert, dass sich Handlungskompetenz intuitiv einstellte und es nur darauf ankäme, mutig das zu sagen, was einem als erstes einfiele. Auch wenn es oft genug vorkommt, dass auch erfahrene Psychotherapeuten eine Intervention zunächst nicht begründen können, sollten sie doch der Verpflichtung folgen, nach – möglicherweise unbewussten – Begründungen zu suchen. Therapeutisches Handeln muss prinzipiell „argumentationszugänglich" (Körner 2003) sein.

Dies gilt auch für Deutungen unbewusster Phänomene. Psychoanalytiker neigen dazu, eine Fehlleistung, eine Metapher oder eine Traumerzählung des Patienten dadurch „hermeneutisch zu deuten", dass sie ihren ersten Einfall zur Geltung bringen. Deutungskunst zeigt sich aber gerade nicht in der spontanen Äußerung von beliebigen Assoziationen, vielmehr folgt sie rationalen Regeln, z. B. der, dass wir jede Deutung vor dem Hintergrund von Deutungsvorannahmen bilden, und dass dieses „Figur-Grund-Verhältnis" nachvollziehbar und kritisierbar sein muss. Ob ich zum Beispiel die erhebliche Verspätung eines Patienten als Zufall (dergleichen kommt vor!) ansehen oder als Mitteilung verstehen will, wie sehr er sich über meine Urlaubsankündigung gestern geärgert hat oder als symbolische Darstellung seiner Individuationswünsche oder im Gegenteil als Ausdruck seiner Angst vor Abhängigkeit, hängt doch davon ab, welche Vorannahmen ich bevorzuge: Welches sind die gegenwärtig dominierenden Konfliktthemen des Patienten und welches will ich als Deutungshorizont wählen?

Wie schon erwähnt, erwarten wir von einem Psychotherapeuten nicht nur, dass er über Handlungskompetenz verfügt, also zum Beispiel in der Lage ist, eine vertrauensvolle Beziehung einzurichten, sondern wir wünschen uns auch, dass ein Psychotherapeut bereit ist, auch sehr negative Beziehungsentwürfe seines Patienten zu akzeptieren, sich also verwenden zu lassen und dabei Unwissen, Angst und Spannungen zu ertragen. Erst solche motivationalen Aspekte entscheiden ja darüber, ob ein Psychotherapeut auch in seiner Performanz die Ziele der Ausbildung erreicht hat. Freilich bewegen wir uns mit diesem Gegenstand schon auf dem Kompetenzgebiet der Haltung.

Wie nun entwickelt der Studierende eine (seine!) professionelle **Haltung**? Und wie könnte man ein solches Lernziel überhaupt definieren? In der oben vorgestellten Matrix wurden als Beispiele die Fähigkeit und das Interesse genannt, sich selbst zu explorieren und zu reflektieren. Ferner sollen zukünftige Psychotherapeuten sich mit ihren eigenen inneren Konflikten, ihren Handlungsmotiven und Übertragungsbereitschaften auseinandersetzen. Sie sollen ihr eigenes Menschenbild kennen und ihre impliziten Theorien erforschen, um relativ frei zu werden in der Gestaltung ihrer therapeutischen Beziehungen.

Zweifellos liegen hier die Aufgaben der obligatorischen Selbsterfahrung, im Falle der analytischen Ausbildung die gründliche Lehranalyse. Auch in den Supervisionen, die jeden Ausbildungsfall begleiten, kann der Studierende seine eigene Haltung explorieren und erkennen, welche eigenen Konflikte ihm den empathischen Zugang zu Patienten erschweren und in seiner Selbsterfahrung durchgearbeitet werden sollten. Sehr sinnvoll kann es sein, den Lernenden Balint-Gruppen anzubieten, also eine patientenbezogene Selbsterfahrung in Gruppen und mit Hilfe eines erfahrenen Balint-Gruppenleiters.

Die bisher angeführten Überlegungen zur „bottom up"-Entwicklung des Konzeptwissens, der Handlungskompetenz und der Haltung legen die Forderung nahe, dass die Ausbildung zum Psychotherapeuten schon nach wenigen Semestern, in denen das wesentliche deskriptive, Erklärungs- und Veränderungswissen vermittelt werden kann, konkrete Erfahrungen in der Arbeit mit Patienten vorsehen sollte (Körner 2013, 2014). Theoretische Reflektionen begleiten diesen Prozess der Erfahrungsbildung und verankern ihn in argumentationszugänglichen Wissenssystemen, im Falle der Verhaltenstherapie eher in empirisch bestätigten Gesetzesaussagen, im Falle der Psychoanalyse eher in der Metapsychologie mit ihren dynamischen, genetischen, topischen und strukturellen Aspekten.

Ganz notwendig ist es, dass sich die Lehrenden mit ihren Kompetenzen selbst auch zeigen, in vorgetragenen Kasuistiken, in transkribierten, besser noch videographierten Interviews und therapeutischen Sitzungen. Der Ausbildungsteilnehmer soll erfahren, dass er keine Geheimwissenschaft erlernt und dass man über Methoden bis hinunter in die einzelne Intervention rational argumentieren kann. Aber auch er selbst soll den Mut aufbringen, sich mit Tonbandaufnahmen therapeutischer Stunden zu zeigen. Nachträglich angefertigte „Transkriptionen", von A.-E. Meyer als „Lügungsrückblicke" verspottet, eignen sich kaum für die Supervision, sie sind zwangsläufig gefiltert und unterliegen dem ganz natürlichen Wunsch des Autors nach Kohärenz und Verständlichkeit. Bedenken, dass ein mitlaufendes Tonbandgerät den psychotherapeutischen Prozess beeinträchtigt, haben sich empirisch nicht belegen lassen. Selbstverständlich müssen wir damit rechnen, dass sich die Bitte des Therapeuten, ein Tonband mitlaufen lassen zu dürfen, auf die Psychotherapie auswirkt. Aber es gibt keinen Grund anzunehmen, dass sich dieser Einfluss nachhaltiger und ungünstiger auswirkt als der Hund des Psychotherapeuten, der im Hause bellt oder der „Vorwärts", den der Briefträger vor die Praxiseingangstüre gelegt hat, oder der Gutachter, der vor der Verlängerung des Psychotherapie gefragt werden muss.

Schließlich: Wie können wir uns vergewissern, ob ein Studierender die zu fordernden Kompetenzen erworben hat? Im Falle des deskriptiven, Erklärungs- und Veränderungswissens genügt es, traditionelle Prüfverfahren anzuwenden, wie dies gegenwärtig schon die Ausbildungs- und Prüfungsverordnung des PsychThG vorschreibt. Sehr viel schwieriger ist es, Handlungskompetenzen und psychotherapeutische Haltungen zu prüfen, so dass zuweilen gefordert wird, auf derartige Prüfverfahren ganz zu verzichten. Ich bin mir aber sicher, dass innerhalb der bisherigen Ausbildungssysteme implizit immer auch die Haltung eines Ausbildungsteilnehmers beurteilt wird, ohne darüber offen zu sprechen. Die Ausbildungsteilnehmer selbst wissen das, fühlen sich „heimlich" beobachtet und bewertet, woraus nicht selten eine leicht paranoide Stimmung am „heimischen" Institut resultiert.

Dass die Selbsterfahrung z. B. in der Lehranalyse von Beurteilungsabsichten frei bleiben muss, ist heute gänzlich unbestritten, das „non reporting system" sichert diese Verschwiegenheit ab. Außerdem erfüllt die Lehranalyse ja auch gar nicht die Aufgaben einer didaktischen Veranstaltung etwa derart, dass der Analysand einmal erleben soll, wie man analysiert und wie sich das für den Patienten anfühlt (Körner 2008).

Anders die Situation der Supervision. Ihr Doppelcharakter von hilfreicher Begleitung des Lernenden einerseits und Kontrolle/Beurteilung andererseits wurde schon oft beklagt, sie ist wohl kaum zur einen oder zur anderen Seite hin aufzulösen. Wichtig ist wohl vor allem, dass sich der Supervisor selbst mit seinen eigenen Auffassungen zeigt und seinem Supervisanden offen seine Beurteilung zur Verfügung stellen.

Um die zentralen Kompetenzen des Psychotherapeuten, seine Handlungskompetenz und seine Haltung zu überprüfen, kann man sich nicht traditioneller mündlicher oder schriftlicher Prüfungsmethoden bedienen. Es gibt eben nicht den Lehrenden bzw. Prüfer, der weiß, wie man es macht oder welches Menschenbild angemessen wäre. Und es gibt – abgesehen vielleicht vom deskriptiven Wissen – keinen „Lernstoff" den man als Lernender objektiv nachprüfbar beherrscht oder eben nicht. Aber der Lernende soll die Konzepte auch nicht beliebig verwenden und seine Deutungen von dem Hintergrund seiner Deutungsvorannahmen plausibel machen. Über diese Fähigkeiten lässt sich sehr wohl ein Urteil bilden.

Wenn die Studierenden, wie hier vorgeschlagen, ihre Handlungskompetenzen und ihre Haltungen in sozialen Lernsituationen erwerben, ergeben sich auch besondere Chancen der gegenseitigen Unterstützung und Evaluation. Denn die Mitglieder solcher Lerngruppen kennen einander recht genau, und sie können sich um ein Beziehungsklima bemühen, in dem sie den Mut aufbringen, sich selbst und die anderen in der Gruppe wahrhaftig einzuschätzen und diese Erfahrungen miteinander zu teilen.

Literatur

Ausbildungs- und Prüfungsverordnung für Psychologische Psychotherapeuten (1998) http://www.gesetze-im-internet.de/bundesrecht/psychth-aprv/gesamt.pdf. Zugriff am 21. 2. 2014

Beck AT, Freeman A, Pretzer J, Davis D, Fleming B, Orraviani R (1999) Kognitive Therapie der Persönlichkeitsstörungen, 4. Aufl. Beltz, Weinheim

Benecke C (2013) Vorschlag zum Kompetenzprofil von PsychotherapeutInnen. Eingereicht zur Anhörung zum Berufsbild und dem Kompetenzprofil Psychotherapeutin bzw. Psychotherapeut, ausgerichtet vom Vorstand der BPtK und der AG Länderrat am 15. 10. 2013

Benecke C (2014) Klinische Psychologie und Psychotherapie. Kohlhammer, Stuttgart

BPtK (2014a) Kompetenzen für den Psychotherapeutenberuf in Studium und Aus-/Weiterbildung. Entwurf der AG des Länderrates und BPtK-Vorstands, Fassung vom 6. 5. 2014. http://www.bptk.de/fileadmin/user_upload/Themen/Aus_Fort_und_Weiterbildung/Ausbildung/Kompetenzprofil_Stand_06-05-2014.pdf. Zugriff am 21. 7. 2014

BPtK (2014b) Überarbeiteter Entwurf eines Berufsbildes des BPtK-Vorstands und der AG des Länderrates zur Reform der Aus- und Weiterbildung. http://www.bptk.de/uploads/media/20141118_berufsbild_ag_lr_stand_06052014.pdf

BPtK (2014c) Beschluss des Deutschen Psychotherapeutentages zur Reform der Psychotherapeutenausbildung. http://www.bptk.de/uploads/media/20141118_beschluss_inkl.abstimmungsergebnis_25_dpt_pt-ausbildung.pdf. Zugriff am 21. 7. 2014

Buchholz MB (1999) Psychotherapie als Profession. Psychosozial-Verlag, Gießen

Cremerius J (1979) Gibt es zwei psychoanalytische Techniken? Psyche 7:577–599

Dreher AU (2005) Conceptual research. In: Person ES, Cooper AM, Gabbard GO (Hrsg) Textbook of psychoanalysis. American Psychiatric Press, Washington, S 361–372

Fabry G (2008) Medizindidaktik. Huber, Bern

Fiedler P (2014) Neue Welle der Verhaltenstherapie. Nervenheilkunde 4:227–232

Freud S (1905) Bruchstück einer Hysterie-Analyse. GW 5:75–312

Freud S (1914) Zur Geschichte der psychoanalytischen Bewegung. GW 10:43–113

Gerst TE, Richter-Kuhlmann E (2014) Bemühungen um Transparenz. Dtsch Ärztebl 111(26):A1192–A1193

© Springer Fachmedien Wiesbaden 2015

J. Körner, *Psychotherapeutische Kompetenzen,* essentials,

DOI 10.1007/978-3-658-08569-8

Hermer M (2012a) TherapeutInnen, die nicht mehr ganz unbekannten Wesen – Teil I: Thera-pieeffekte. Verhaltensther Psychosoz Prax 44:555–572

Hermer M (2012b) TherapeutInnen, die nicht mehr ganz unbekannten Wesen – Teil II: The-rapeutische Beziehung. Verhaltensther Psychosoz Prax 44:573–585

Huber D, Zimmermann J, Henrich G, Klug G (2012) Comparison of cognitive-behavior the-rapy with psychoanalytic and psychodynamicfor depressed patients: a three year follow-up study. Z Psychosomat Med Psychother 58:299–316

IMPP Institut für medizinische und pharmazeutische Prüfungsfragen (2010) http://www.impp.de/IMPP2010/Index.php?gti_open=Psychotherapie>i_ziel=14>i_nav=Index-NavPSY. Zugriff am 20. 7. 2014

Kahl-Popp J (2007) Lehren und Lernen psychotherapeutischer Kompetenz am Beispiel der psychoanalytischen Ausbildung. Ergon, Würzburg

Kohut H (1977) Die Heilung des Selbst. Suhrkamp, Frankfurt a. M.

Körner J (1990) Übertragung und Gegenübertragung, eine Einheit im Widerspruch. Forum Psychoanal 6:87–104

Körner J (2003) Die argumentationszugängliche Kasuistik. Forum Psychoanal 19:28–35

Körner J (2008) The didactics of psychoanalytic education. Int J Psychoanal 83:1395–1405

Körner J (2013a) Plädoyer für eine Ausbildung zum Psychotherapeuten „von der Profession her". Psychotherapeuten-Journal 4:364–365

Körner J (2013b) Plädoyer für eine Direktausbildung zum Psychotherapeuten. Entwurf eines Studienganges „von der Profession her". Forum der Psychoanal 29:235–257

Leichsenring F, Rabung F (2011) Long-term psychodynamic psychotherapy in complex mental disorders: update of a meta-analysis. Br J Psychiatry 199:15–22

Levy KN, Meehan KB, Temes CM, Yeomans FE (2012) Attachment theory and research: implications for psychodynamic psychotherapy. In: Levy KN, Ablon S, Kächele H (Hrsg) Psychodynamic psychotherapy research. Springer, New York, S 401–416

Masson J M (1984) Was hat man dir, du armes Kind, getan? Rowohlt, Reinbek

Najavits LM, Weiss RD (1994) Variations in therapist effectiveness in the treatment of pati-ents with substance use disorders: an empirical review. Addiction 89:679–688

Norcross JC, Wampold BE (2011) Evidence-based therapy relationships: research conclusi-ons and clinical practices. Psychotherapy 48:98–102

Orlinsky DE, Willutzki U, Meyerberg J, Cierpka M, Buchheim P, Ambühl H (1996) Die Qualität der therapeutischen Beziehung: Entsprechen gemeinsame Faktoren in der Psy-chotherapie gemeinsamen Charakteristika von Psychotherapeuten? Psychother Psycho-som Med Psychol 46:102–110

Rief W (2012) Pro und contra Direktausbildung Psychotherapie. Verhaltenstherapie 22:56–63

Sandler J (1983) Die Beziehungen zwischen psychoanalytischen Konzepten und psycho-analytischer Praxis. Psyche 37:577–595

Schaeffer D (1990) Psychotherapie zwischen Mythologisierung und Entzauberung. West-deutscher Verlag, Opladen

Schauenburg H, Buchheim A, Beckh K, Nolte T, Brenk-Franz K, Leichsenring F, Strack M, Dinger U (2010) The influence of psychodynamically oriented therapists' attachment representations on outcome and alliance in inpatient psychotherapy. Psychother Res 20:193–202

Schulte D (2012) Wir brauchen ein Studium für Psychotherapeuten. Psychologie Heute 11:72–77

Thom J, Ochs M (2013) Der Typus des postmodernen Professionellen – ein Portrait Psychologischer Psychotherapeuten? Psychotherapeutenjournal 12:382–390

Wampold BE (2001) The great psychotherapy debate: models, methods and findings. Erlbaum, New York

Will H (2010) Psychoanalytische Kompetenzen. Standards und Ziele für die psychotherapeutische Ausbildung und Praxis, 2. Aufl. Kohlhammer, Stuttgart

Winter H (2012) Eröffnung des Hochschullehrer-Treffens der PTK-Hessen vom 10. 12. 2012. http://www.ptk-hessen.de/neptun/neptun.php/oktopus/download/1045. Zugriff am 16. 1. 2014